張之傑◎主編

生肖動物
摭談

臺灣商務印書館

生肖動物擷談／張之傑主編. --初版. --臺北市：臺
灣商務， 2012. 07
　　面 ； 　公分. --（商務科普館）

　ISBN 978-957-05-2712-4(平裝)

　1. 生肖

539.5941　　　　　　　　　　　101006787

商務科普館

生肖動物擷談

作者◆張之傑主編

發行人◆施嘉明

總編輯◆方鵬程

主編◆葉幗英

責任編輯◆徐平

美術設計◆吳郁婷

出版發行：臺灣商務印書館股份有限公司
臺北市重慶南路一段三十七號
電話：(02)2371-3712
讀者服務專線：0800056196
郵撥：0000165-1
網路書店：www.cptw.com.tw
E-mail：ecptw@cptw.com.tw
網址：www.cptw.com.tw
局版北市業字第 993 號
初版一刷：2012 年 7 月
定價：新台幣 290 元

ISBN 978-957-05-2712-4

科學月刊叢書總序

◎─林基興

《科學月刊》社理事長

公益刊物《科學月刊》創辦於 1970 年 1 月，由海內外熱心促進我國科學發展的人士發起與支持，至今已經四十一年，總共即將出版五百期，總文章篇數則「不可勝數」；這些全是大家「智慧的結晶」。

《科學月刊》的讀者程度雖然設定在高一到大一，但大致上，愛好科技者均可從中領略不少知識；我們一直努力「白話說科學」，圖文並茂，希望達到普及科學的目標；相信讀者可從字裡行間領略到我們的努力。

早年，國內科技刊物稀少，《科學月刊》提供許多人「（科學）心靈的營養與慰藉」，鼓勵了不少人認識科學、以科學為志業。筆者這幾年邀稿時，三不五時遇到回音「我以前是貴刊讀者，受益良多，現在是我回饋的時候，當然樂意撰稿給貴刊」。唉呀，此際，筆者心中實在「暢快、叫好」！

《科學月刊》的文章通常經過細心審核與求證，圖表也力求搭配文章，另外又製作「小框框」解釋名詞。以前有雜誌標榜其文「歷久彌新」，我們不敢這麼說，但應該可說「提供正確科學知識、增進智性刺激思維」。其實，科學也只是人類文明之一，並非啥「特異功能」；科學求真、科學可否證（falsifiable）；科學家樂意認錯而努力改進──這是科學快速進步的主因。當然，科學要有自知之明，知所節制，畢竟科學不是萬能，而科學家不

可自以為高人一等，更不可誤用（abuse）知識。至於一些人將科學家描繪為「科學怪人」（Frankenstein）或將科學物品說成科學怪物，則顯示社會需要更多的知識溝通，不「醜化或美化」科學。科學是「中性」的知識，怎麼應用科學則足以導致善惡的結果。

科學是「垂直累積」的知識，亦即基礎很重要，一層一層地加增知識，逐漸地，很可能無法用「直覺、常識」理解。（二十世紀初，心理分析家弗洛伊德跟愛因斯坦抱怨，他的相對論在全世界只有十二人懂，但其心理分析則人人可插嘴。）因此，學習科學需要日積月累的功夫，例如，需要先懂普通化學，才能懂有機化學，接著才懂生物化學等；這可能是漫長而「如倒吃甘蔗」的歷程，大家願意耐心地踏上科學之旅？

科學知識可能不像「八卦」那樣引人注目，但讀者當可體驗到「知識就是力量」，基礎的科學知識讓人瞭解周遭環境運作的原因，接著是怎麼應用器物，甚至改善環境。知識可讓人脫貧、脫困。學得正確科學知識，可避免迷信之害，也可看穿江湖術士的花招，更可增進民生福祉。

這也是我們推出本叢書（「商務科普館」）的主因：許多科學家貢獻其智慧的結晶，寫成「白話」科學，方便大家理解與欣賞，編輯則盡力讓文章賞心悅目。因此，這麼好的知識若沒多推廣多可惜！感謝臺灣商務印書館跟我們合作，推出這套叢書，讓社會大眾品賞這些智慧的寶庫。

《科學月刊》有時被人批評缺乏彩色，不夠「吸睛」（可憐的家長，為了孩子，使盡各種招數引誘孩子「向學」）。彩色印刷除了美觀，確實在一些說明上方便與清楚多多。我們實在抱歉，因為財力不足，無法增加彩色；還好不少讀者體諒我們，「將就」些。我們已經努力做到「正確」與「易懂」，在成本與環保方面算是「已盡心力」，就當我們「樸素與踏實」吧。

從五百期中選出傑作，編輯成冊，我們的編輯委員們費了不少心力，包

括微調與更新內容。他們均為「義工」，多年來默默奉獻於出點子、寫文章、審文章；感謝他們的熱心！

　　每一期刊物出版時，感覺「無中生有」，就像「生小孩」。現在本叢書要出版了，回顧所來徑，歷經多方「陣痛」與「催生」，終於生了這個「智慧的結晶」。

「商務科普館」
刊印科學月刊精選集序

◎—方鵬程

臺灣商務印書館總編輯

「科學月刊」是臺灣歷史最悠久的科普雜誌,四十年來對海內外的青少年提供了許多科學新知,導引許多青少年走向科學之路,為社會造就了許多有用的人才。「科學月刊」的貢獻,值得鼓掌。

在「科學月刊」慶祝成立四十周年之際,我們重新閱讀四十年來,「科學月刊」所發表的許多文章,仍然是值得青少年繼續閱讀的科學知識。雖然說,科學的發展日新月異,如果沒有過去學者們累積下來的知識與經驗,科學的發展不會那麼快速。何況經過「科學月刊」的主編們重新檢驗與排序,「科學月刊」編出的各類科學精選集,正好提供讀者們一個完整的知識體系。

臺灣商務印書館是臺灣歷史最悠久的出版社,自一九四七年成立以來,已經一甲子,對知識文化的傳承與提倡,一向是我們不能忘記的責任。近年來雖然也出版有教育意義的小說等大眾讀物,但是我們也沒有忘記大眾傳播的社會責任。

因此,當「科學月刊」決定挑選適當的文章編印精選集時,臺灣商務決定合作發行,參與這項有意義的活動,讓讀者們可以有系統的看到各類科學

發展的軌跡與成就，讓青少年有興趣走上科學之路。這就是臺灣商務刊印「商務科普館」的由來。

　　「商務科普館」代表臺灣商務印書館對校園讀者的重視，和對知識傳播與文化傳承的承諾。期望這套由「科學月刊」編選的叢書，能夠帶給您一個有意義的未來。

2011 年 7 月

主編序

◎—張之傑

西元 2002～2004 年，筆者負責《科學月刊》（下稱科月）編務期間，曾邀請楊龢之先生寫過兩篇生肖文：2003 年（癸未）的羊和 2004 年（甲申）的猴。筆者卸任後，2006 年（丙戌）楊先生又寫過一篇狗。此後由筆者接手，歷經丁亥（豬）、戊子（鼠）、己丑（牛）、庚寅（虎）、辛卯（兔）、壬辰（龍），轉眼又寫了六篇。楊先生的三篇和筆者的六篇，都以科學、人文、知識和趣味為目標。

去年（2011）12 月底，筆者正在寫作〈壬辰談龍──中國龍物語〉時，收到科月副總編輯曾耀寰博士寄來的「科普館」進度表。自從科普館開館，科月方面一直由曾博士負責。收到進度表，我想起楊先生和我寫過的九篇生肖文，何不先編一本《生肖動物擷談》？2012 年春節期間有九天年假，剛好可以用來編輯此書。

我之所以臨時起意編輯《生肖動物擷談》，而擱置已著手的《科學史話 II》，是考慮到編書必須翻閱刊物，了解所選文章的內容、字數和圖數，不能只憑一冊總目錄底定。編輯《科學史話 I》時，我曾泡在社裡一整天，將 2002～2010 年的各期科月攤在地上，一期期翻閱，斟酌再三，共選了五十篇短文。《科學史話 II》的收選範圍將擴及創刊號至今。年假期間科月不

上班，而筆者家中只有 1997 年至今的部分科月，無法利用年假將《科學史話 II》編妥。

　　編選《生肖動物摭談》則不然，既然已有楊先生和我的九篇文章打底，剩下的很容易湊齊。2012 年元月 10 日，我將年假期間先編《生肖動物摭談》的想法告訴曾耀寰博士，立即獲得同意，並知會美編姜泉先生盡速代為從檔案上抓圖、抓文。元月 19 日從姜先生處取得圖、文資料，至此已可利用年假編輯此書了。

　　筆者從總目錄上尋覓尚缺的蛇、馬和羊。科月刊出過多篇蛇文，還出過專輯，我們選了師大生科系杜銘章教授的〈蛇類的生態適應〉。剩下的馬，只有楊龢之先生寫過的一篇短文〈談中國的馬種〉。至於雞，也只找到沈致遠先生的一篇短文〈先有雞還是先有雞蛋？〉。這時好友劉宗平教授得知此書尚缺馬和雞，主動要寫一篇，我請他寫雞，這是〈閒話家雞二三事〉的由來。元月 20 日，致電老同事巫紅霏女士，請她寫篇馬，她毫不猶豫地答應下來，這是〈一馬當先談馬事〉的由來。劉教授和巫女士都是義務寫的，而且還要求他們元月底以前交稿，如此情誼，不知怎麼感謝才好。

　　十二生肖已經備齊，算算字數，還可以加上幾篇。杜銘章教授在科月寫過一篇短文〈龍的由來〉，就收進來吧。筆者多年前在《中副》刊出過的〈動物房記事〉，和在《自然雜誌》刊出過的〈說蛇話往〉，也趁機收入；這兩篇是散文，就不配圖了。筆者在科月寫的〈美術史料中的細犬〉，也收進來了。本書還可加個附錄，1980 年代我曾主編過兩部大型工具書──《環華百科全書》和《百科大辭典》，後者的哺乳類、爬蟲類、兩棲類條目都是我寫的，且將生肖動物條目輯來附驥於後吧。經過這番妝點，此書更加完備了。

　　既然是一本書，就不能沒有導言，筆者又利用年假寫成〈生肖淺探〉。

生肖看似小道，認真探討起來還有大學問呢！看來生肖是個很好的研究課題，且容來日慢慢琢磨吧。（2012 年元月 28 日、壬辰年正月初六於新店蝸居）

　　書稿電子檔於 2 月 8 日交給曾耀寰博士。20 日收到商務編輯徐平先生來信，謂「科普館」各冊所收選的文章不可重複，〈談中國的馬種〉、〈龍的由來〉和〈美術史料中的細犬〉已收入《科學史話 I》，不能再收入本書。得知這個消息，趕緊查閱曾博士年前寄來的進度表，發現〈蛇類的生態適應〉已收入程一駿教授編選的《有趣的動物世界》了！

　　筆者先得解決蛇文，到科月反覆查找，發現除了杜教授那篇〈蛇類的生態適應〉，其他都不合乎本書所揭櫫的旨趣「科學‧人文‧知識‧趣味」，那麼就用我的那篇〈說蛇話往〉充場面吧。至於和《科學史話 I》重複的三篇短文，我請楊龢之先生提供一篇〈歷史上的名馬〉，取代〈談中國的馬種〉。杜銘章教授將〈龍的由來〉增加約一倍篇幅，而成〈龍之初〉；我將〈美術史料中的細犬〉全面重寫，而成〈古畫中的細犬和沙克犬〉。經過這番努力，已沒有重複問題了。

　　計算一下篇數，還少一篇（原為二十篇），我們又選了木柵動物園余珍芳獸醫師的〈捉拿潑猴記事〉，至此本書再次以完美的組合呈現在讀者面前。（2012 年 2 月 26 日晨補記）

CONTENTS
目 錄

主編序

1 生肖淺探
張之傑

11 說鼠
張之傑

27 動物房記事
張之傑

32 中國畜牛的演變
張之傑

45 中國虎雜談
張之傑

63 從狡兔三窟說起
張之傑

75 中國龍物語
張之傑

90 龍之初
杜銘章

98 說蛇話往
張之傑

106 一馬當先談馬事
巫紅霏

116 歷史上的名馬
楊龢之

123 吉羊
楊龢之

138 談猴說猿
楊龢之

151 捉拿潑猴記事
余珍芳

156 閒話家雞二三事
劉宗平

167 先有雞還是先有雞蛋？
沈致遠

173 狗事一籮筐

楊龢之

184 古畫中的細犬和沙克犬

張之傑

189 談豬

張之傑

203 生肖動物小辭典

張之傑

生肖淺探

◎─張之傑

中華科技史學會發起人

將《科學月刊》談生肖動物的文章結集成書，不能沒有一篇導言。根據筆者的認知，生肖主要有兩個系統，一是源自巴比倫的黃道十二宮（星座），一是中國的十二生肖（十二獸）。前者出自星象，後者附屬於地支，和星象沒有直接關係。

黃道十二宮（星座）由七種動物、五種器物構成，西元前流傳至埃及、希臘和印度，現通行全世界。中國的十二生肖由十二種動物構成，和黃道十二宮少有交集，主要流傳東方。

由於地球自轉，我們會覺得太陽和天球上的星星都在轉動。太陽在天球上的軌道稱為黃道。黃道上有十二個星座，這就是黃道十二宮。和太陽對應的黃道星座，每個月不同，形成所謂的生日星座。從生日星座，我們約略可以看出出生月份，但看不出出生年份，這是演藝人員願意公布生日星座、不願公布生肖的原因。

本文只討論中國的十二生肖。對一般庶民來說，干支紀年過於

複雜、抽象，這可能是先民創設十二生肖的主要原因。以下針對中國十二生肖的起源、流傳等問題，與廣大讀者商榷。

緣何如是？

十二生肖（又稱十二獸）緣何由鼠、牛、虎、兔、龍、蛇、馬、羊、猴、雞、狗、豬等十二種動物構成？緣何如此排序？

十二生肖之牛、馬、羊、雞、狗、豬屬於「六畜」，是日常生活中最常接觸的動物。六畜一詞屢見於先秦典籍，《爾雅·釋畜》的排序是：馬、牛、羊、豬、狗、雞。六畜之外的龍，雖屬想像中的動物，但人們耳熟能詳。收了龍，就不能不收虎，一方面中國多虎，一方面自古龍虎並列，遠在仰韶文化時期，就有左龍右虎的風水觀念。剩下的鼠、兔、蛇、猴，都是常見的動物。總之，十二生肖乃俯拾文化上熟識、日常生活中常見的動物而成。

十二生肖除了想像的龍，其他動物的分類如下：

鼠：囓齒目、鼠科

牛：偶蹄目、牛科

虎：食肉目、貓科

兔：兔形目、兔科

蛇：蛇蜥目、蛇亞目

馬：奇蹄目、馬科

羊：偶蹄目、牛科

猴：靈長目、獼猴科

雞：雞形目、雉科

狗：食肉目、犬科

豬：偶蹄目、豬科

在上表中，只有牛科有牛、羊兩種，其餘皆一科（蛇為亞目）一種。可見十二生肖是以六畜為基礎，加上其他類別的動物而成。至於排序，現有的種種說法，如與活動時辰有關、與卦象有關等等，皆屬無稽。先民將十二生肖作如是排序，一定有其道理，惟事隔久遠，其邏輯已無從查考了。

起於何時？

十二生肖起於何時？可能無人能夠提出確切答案。

東漢哲學家王充（27～97）在其《論衡‧物勢》中說：「寅，木也，其禽，虎也。戌，土也，其禽，犬也。……午，馬也。子，鼠也。酉，雞也。卯，兔也。……亥，豕也。未，羊也。丑，牛

也。……巳，蛇也。申，猴也。」引文缺龍。《論衡‧言毒》又說：「辰為龍，巳為蛇，辰、巳之位在東南。」十二生肖便齊備了。

過去學者們一直認為，《論衡》就是最早的十二生肖記載。然而，秦簡《日書》出土，將十二生肖推前了約三百年。《日書》類似日後的通書。1975～1976 年，考古學家在湖北雲夢睡虎地墓葬出土秦簡《日書》；1986 年，又在甘肅天水放馬灘墓葬出土秦簡《日書》；1998～2000 年，在湖北隨州漢墓再次出土《日書》。上述三部《日書》的〈盜者〉篇，皆以生肖占卜盜者相貌、入盜方向及贓物藏匿處所等。

以占卜相貌來說，如：「子，鼠也。盜者銳口，稀鬚，善弄，手黑色，面有黑子焉，疵在耳。……」「丑，牛也。盜者大鼻，長頸，大臂臑而僂，疵在目。……」「寅，虎也。盜者壯，稀鬚，面有黑焉，不全於身，從以上臂臑梗，大疵在臂。……」「卯，兔也。盜者大面，頭口，疵在鼻。……」（睡虎地《日書》）

睡虎地《日書‧盜者》的十二生肖是：子鼠、丑牛、寅虎、卯兔、辰（原簡漏抄生肖）、巳蟲、午鹿、未馬、申環（猿）、酉水（雉）、戌老羊、亥豕。放馬灘《日書‧盜者》的十二生肖是：子鼠、丑牛、寅虎、卯兔、辰蟲、巳雞、午馬、未羊、申猴、酉雞、

戌犬、亥豕。其中：「巳雞」與「酉雞」重複，疑為「巳蛇」之誤。

睡虎地墓葬，下葬年代為西元前217年；放馬灘墓葬，下葬年代為西元前 239〜238 年；隋州墓葬，下葬年代為西元前 142 年。秦始皇於西元前221年統一六國，可見至遲至戰國晚期，十二生肖已經存在，且已和十二地支相搭配。學者普遍認為，先有十二地支，後有十二生肖。生肖和地支的搭配，絕非一蹴可幾，可見十二生肖的產生遠早於戰國晚期，至於起於何時，已無從查考。

源自何方？

那麼十二生肖源自何方？目前主要有四種學說：突厥說、西域說、印度說、中土說，簡介如下。

清代史學家趙翼在《陔餘叢考》中指出：「蓋北俗初無所謂子丑寅卯之十二辰，但以鼠牛虎兔之類分紀歲時，浸尋流傳于中國，遂相沿不廢耳。」所謂「北俗」，指北方遊牧民族。精研突厥史的法國漢學家沙畹，認為十二生肖為突厥人所創。突厥的十二生肖紀年文獻主要見於碑碣，最早的突厥生肖記載為西元571年，非但晚於《論衡》，更晚於秦簡《日書》，是以突厥說難以讓人信服。

郭沫若著《釋支干》（1929），在「餘論」（實為結論）中

說：「此肖獸之制，不限於東方，印度、巴比倫、希臘、埃及均有之，而其制均不甚古，無出於西紀後百年以上者。意者此殆漢時西域諸國，仿巴比倫之十二宮而制定之，再向四周傳播者也。」秦簡《日書》出土後，西域說可以休矣。

郭沫若《釋支干‧餘論》列出印度、希臘、埃及之十二生肖，在印度項下，註明出處為《大集經》卷二十四〈虛空目分‧中淨目品〉。論者或未看郭氏原著，或斷章取義，竟有十二生肖源自印的說法。按：《大集經》成書於二、三世紀，部分明顯來自西域。經中所說十二生肖，自蛇開始，三三一組，分據南西北東，方位與中國術數者的說法完全一致。是以吾人幾可斷言，《大集經》之十二生肖直接來自西域、間接來自中土。再說，遍查中外典籍，未聞印度人亦使用十二生肖。印度說亦可休矣。

自秦簡《日書》出土，十二生肖已上推至西元前三世紀，中土說幾乎已成定論。惟某些學者仍然質疑：如十二生肖果真源自中土，何以到了魏晉南北朝才開始普遍？筆者淺見，生肖流傳民間，士大夫不屑問聞，且古時資訊量有限，著書立說鮮少提及自為意料中事。魏晉之際因紙的普及，資訊量大增，生肖記載增多亦為意料中事。

流傳何處？

　　十二生肖廣泛流行於亞洲各地。以中國來說，絕大多數的少數民族，其十二生肖與漢族者一致。有些則稍有差異，如雲南哀牢山彝族的十二生肖名稱及順序為：虎、兔、穿山甲（龍）、蛇、馬、羊、猴、雞、狗、豬、鼠、牛。西雙版納地區的傣族改「豬」為「象」，改「龍」為「蛟」或「大蛇」，改「羊」為「蟻」。回族諱言豬字，通常以亥代豬；維族、哈薩克等伊斯蘭民族如何處理「豬」字？待考。

　　關於紀年方式，漢化較深的少數民族多採干支，漢化較淺的常另作變通，如藏族以陰陽、五行替代十天干，以十二生肖替代十二地支。舉例來說，2012 年壬辰年，表記為陽水龍年；剛過去的 2011 年辛卯年，則表記為陰金兔年；還沒到的 2013 年癸巳年，則表記為陰水蛇年。

　　在中國以外地區，北方的外蒙古和東北方的朝鮮、日本，南方的越南、寮國、柬埔寨、泰國等，其十二生肖都和漢族者一致。（越南民間習慣以以「貓」代「兔」。）朝鮮、日本和越南，且沿用中國的天干、地支。至於北方的阿爾泰語系民族，滿族已完全漢化，蒙族以生肖紀年，方式和藏族相同。維族也用生肖紀年，詳情

待查。

　　柬埔寨和泰國的紀年，將六十年分為十個單位，從蛇一年開始，至龍十年止，形成六十年週期。舉例來說，2012 年壬辰年，表記為龍四年；剛過去的 2011 年辛卯年，則表記為兔三年；還沒到的 2013 年癸巳年，則表記為蛇五年。

　　遠在魏晉南北朝時期，北方的突厥已採用生肖紀年，有些學者甚至誤認十二生肖由突厥人首創。到了唐代，突厥分裂為東、西兩支，西突厥西遷，突厥語系廣泛分布中亞、近東和東歐，哈薩克、烏茲別克、吉爾吉斯、阿富汗、亞塞拜然、土庫曼、土耳其、羅馬尼亞、保加力亞等地的突厥語系民族，信奉伊斯蘭教後不知是否仍沿用十二生肖？有待田野調查。

干支原始？

　　學者普遍認為，十二地支的出現，在十二生肖之前，十天干的出現更在十二地支之前。十天干和十二地支始於何時皆不可考。殷商已用干支紀日，在帝乙（紂王之父）時的一塊甲骨上，刻有完整的六十甲子，可能是當時的日曆。至於何時用於紀年、紀月、紀時，眾說紛紜，沒有確切答案。

　　鑑於地支採十二進位制，天干與地支相配，形成六十進位制，

而巴比倫的天文學剛好也是十二進位制和六十進位制並用，於是部分學者提出干支西來說，特別是民國初年，西來說甚囂塵上。郭沫若《釋支干》指出，子丑寅卯等十二地支，實為黃道十二宮傳入中國後的符號。郭氏的論點影響深遠，從網路文獻（包括學術論文）的輾轉引用，可以看出端倪。

沈愷先生在〈干支的意義〉（《中華科技史學會學刊》第十二期）一文指出，干支可能是兩個不同族群，所發展出的兩個不同符號系統。筆者臆測，這「兩個不同族群」，或即夏與商。根據陳久金的研究，夏曆為十月太陽曆（每年十個月，每月三十六天）。商代採陰陽合曆，以太陽紀年、以太陰紀月（每年十二個朔望月）。商滅夏，兩個符號系統混合，干支紀日或肇端於此。

民初的西來說者大多先有結論，再牽強附會地找證據，郭沫若的《釋支干》就是個典型的一個例子。（2012 年元月 26 日、壬辰年正月初四於新店蝸居）

中華科技史學會理事沈愷先生看過拙稿後，來信補充（2012/01/30/13：43），謹將其函公諸文後。筆者不諳天文學，沈先生的補充，恰可彌補拙文之不足。

甲骨文中，鼠、牛、虎、兔、龍、它（蛇）、馬、羊、猱（猴）、雞、犬（狗）、豕（豬）皆已俱備，其中虎、蛇、猴、雞、豬均非草原常見的動物，所以如果說中國的十二生肖是源自突厥，是草原文化最先整理出來的一套系統，確實不太可能。

中國人很早就觀察到木星繞天一周的週期是十二年，稱之為太歲。中國人最遲在周初就有歲（年）在某顆星的方向這種說法，可見在當時就重視到這個週期。（在商代歲字是一種祭祀的名稱，而年則是用祀字代表。）既然重視，而且天干地支的系統已經運用在紀日上了，那麼再整理出一套以當時中國文化常見的動物所排列的系統，來代表這個週期，應該是順理成章的事。

至於兩河流域蘇美文化的十二宮，那是一個太陽年期間的天文週期，不能與中國太歲十二年的週期相提並論，所以郭沫若的說法是不對的。

說鼠

◎──張之傑

談起鼠，真是一部二十四史不知從何說起。全世界的哺乳類約四千種，囓齒類約占二千四百種，其中相當數量以「鼠」為名，要弄清牠們可真不容易！

民間傳說，大年初三老鼠娶親，這天要提早熄燈休息。圖為清代湖南隆回年畫，深具漫畫意味。

明宣宗〈苦瓜鼠圖卷〉之一，宣宗常繪類似圖畫贈送宦官、大臣。

　　如今流行「同心圓」論，凡事以臺灣為中心，向外畫同心圓。我們權且借用這種說法，來談談鼠吧。

　　我們畫的第一個同心圓從家屋開始。住在家屋及其附近的鼠輩——家鼠，只有二屬、三種，那就是鼠屬的黑鼠（又稱屋頂鼠，*Rattus rattus*）和褐鼠（又稱溝鼠，*R. norvegicus*），以及鼷鼠屬（又稱小鼠屬）的小家鼠（又稱小鼷鼠，*Mus muschlus*）。在英文中，家鼠有兩個對應的英文字——rat 和 mouse，前者指鼠屬，後者指鼷鼠屬，中文沒有這種區分。

　　演化生物學有項基本理論——同源，意思是說，同一物種，不可能有兩個起源。三種家鼠各起源何處？答案是東方。鼷鼠屬的屬名 *Mus* 和英名 mouse 都源自梵文 *musa*，這是鼷鼠起源東方的證據之一。三種家鼠從陸路進入歐洲、非洲，再隨著浮木或人類的活動，播散到各個島嶼和南、北美洲，如今沒有一個地方不是鼠輩的天下。

三種家鼠

　　鼠屬中的黑鼠，耳朵較大、嘴巴較尖、毛較柔細，身長 16～21 公分，體重 150～180 公克，尾巴比身體還長。鼠屬中的褐鼠，耳朵較小、嘴巴較鈍、毛較粗糙，身長 18～25 公分，體重 350～450 公克，尾巴比身體短。

　　黑鼠和褐鼠棲所不同，黑鼠的巢穴通常位於屋頂或樹上，褐鼠通常在住家底層和排水溝間活動。這是一種生態上的適應，大自然就有這種奇妙的力量，將各種動物的需求區隔開來，使得大家都有生存空間。

　　黑鼠和褐鼠都過群居生活，每群老鼠中都有幾隻特別厲害，其他老鼠都要讓牠，如不肯讓，就會打上一架。筆者讀高中、大學時，臺灣的經濟還很落後，一般人家都住簡陋的平房，常被天花板上的追逐聲吵醒，接著傳來「吱吱吱」的淒

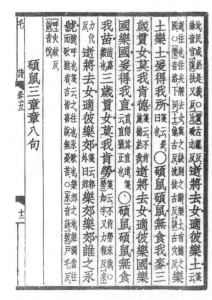

《詩經・魏風・碩鼠》，詩人以鼠喻人，對統治者和剝削者提出深沉的控訴。

厲叫聲，不用說，在天花板上打架的當然非黑鼠莫屬了。

　　黑鼠和褐鼠都是雜食動物，動植物都吃，甚至會吃同類。褐鼠較黑鼠兇野，有時還會成群攻擊未成年的家禽、家畜。記得多年前報上曾刊出一則新聞，南部有一人家外出，將嬰兒放在家裡，結果竟被老鼠給咬死了！闖下這種大禍的老鼠，八成就是褐鼠。

　　鼠屬的繁殖能力相當強，雌鼠一年生三～六窩，妊娠期約三週。黑鼠一胎生六～七隻，褐鼠生八～九隻。剛生下時沒長毛髮，眼睛還沒睜開，耳朵也是聾的，大約三週後就可獨立生活。

　　小家鼠呢？牠們耳朵圓，嘴巴尖細，毛呈灰褐色，身長6～10公分，尾巴和身體等長或稍短一些，體重約 10 公克，雜食。喜歡住在容易找到食物和避難所的地方，任何暖和、黑暗的隱蔽處，都可以成為牠們的家，巢裡常墊著破布、羽毛或棉花。牠們很少跑到開闊的地方，當被人發現時，就藏在家具後面一動不動，你以為牠跑掉了，其實可能就在你的身邊呢。

　　黑鼠、褐鼠或小家鼠，都會偷吃食物、傳染疾病、咬壞東西，可說是道地的害獸。鼠類為了磨牙，喜歡啃嚙軟硬適中的塑膠，如果咬壞電纜，就可能闖下大禍。捷運之所以嚴禁飲食，其中一個目的，就是防止鼠類在隧道內繁衍生息。

　　然而，褐鼠和小家鼠的白子——大白鼠、小白鼠，卻是常用的

實驗動物。筆者曾管過動物房，伺候過六年鼠輩，所飼養的以小鼠為主。雌性小鼠四十五日齡就能繁殖，每二十～三十天生一胎，妊娠期約二十天，每胎四～七隻。剛生下的小鼠，皮膚呈粉紅色，無毛，眼睛還沒睜開。十日齡時，身上已長滿柔軟的毛髮，三週後就可獨立生活了。

田鼠和高山鼠

從家屋往外畫，第二個同心圓是野鼠。臺灣的鼠科動物共有七屬、十三種，除了三種家鼠，還有四種田鼠、六種高山鼠。

在英文中，vole 特指田鼠屬（*Microtus*）。中文不如英文嚴謹，我們在野地裡看到的「田鼠」——小黃腹鼠（*Rattus losea*）、月鼠（*Mus formosanus*）、黑帶鼠（*Apodemus agrarius*）和鬼鼠（*Bandicota indica*），都不是田鼠屬的。家鼠中的褐鼠，常在野地裡出沒，也被視為田鼠的一種。

小黃腹鼠身長 13～17 公分，體重 80～120 公克，是野外最常見的鼠類，一般所說的田鼠，就是指牠們。月鼠，又名田鼷鼠，也是野外常見的田鼠之一，身長 7～8 公分，體重 12～20 公克，穀物收割後常侵入住宅，被誤認為小家鼠。黑帶鼠（又稱赤背條鼠），身長 7～10 公分，體重 20～40 公克，背部有一條深色縱帶，和其他鼠類很

容易區分。鬼鼠原產印度，十七世紀由荷蘭人引進臺灣，體重平均600公克，是臺灣最大的鼠類，性情凶猛，受到干擾會發出嘶嘶的威嚇聲。黑帶鼠和鬼鼠較不常見，對一般人來說可能較為陌生。

上述四種田鼠和褐鼠都會打洞。鬼鼠體型大，洞穴也大，洞口有明顯的土堆。野鼠的挖洞行為，會破壞堤防、溝圳，對農田水利為害甚大。田鼠（含褐鼠）攝食穀類、豆類和根莖類，據說約佔收成的5～10%！難怪農政單位要推動滅鼠了。

去年夏季，洞庭湖地區發生鼠患，約二十億隻東方田鼠（*Microtus fortis*），隨著水位上升而內遷，所到之處，堤岸、護坡變得千瘡百孔，糧食作物橫遭啃食，湖區的「人鼠大戰」，成為世界級大新聞。東方田鼠的族群爆炸，當然是生態平衡遭到破壞所致。當鼠類的天敵——鷹、蛇等——被人類消滅，鼠輩就有機會肆無忌憚地擴張。

臺灣高海拔地區的鼠類有六種，牠們是高山田鼠（*Microtus kikuchii*）、臺灣天鵝絨鼠（*Eothenomys melanogaster*）、臺灣森鼠（*Apodemus semotus*）、巢鼠（*Mictomys minutus*）、刺鼠（*Rattus coxinga*）及高山白腹鼠（*Rattus culturatus*）。其中巢鼠偶爾可在低海拔地區看到，牠們體型袖珍，會在芒草上築鳥巢狀的巢，英名稱為harvest mouse，是一種可愛的小型鼠類。

松鼠和鼯鼠

中文的「鼠」字，廣義漫無涯際，為了用語精確，且以囓齒目為限。讓我們再回到同心圓理論，看看臺灣還有哪些「鼠」？臺灣的囓齒目只有兩科——鼠科和松鼠科，鼠科已經談過，臺灣的松鼠科有六種——三種松鼠、三種鼯鼠，名稱如下：赤腹松鼠（*Callosciurus erythraeus*）、臺灣條紋松鼠（*Tamiops swinhoe formosanus*）、臺灣長吻松鼠（*Dremomys pernyi owstoni*）、

大赤鼯鼠（*Petaurista petaurista grandis*）、白面鼯鼠（*Petaurista alborufus lena*）、小鼯鼠（*Belomys pearsoni kaleensis*）。

松鼠英名 squirrel，臺灣有三種，以赤腹松鼠最為常見，在各地公園所看到的就是牠們。另兩種分布山區，臺灣條紋松鼠分布中海拔地區，臺灣長吻松鼠分布中高海拔地區，後者數量稀少。

〈男孩與鼯鼠〉，美・John Singleton Copley 繪，1765年，波士頓美術館藏。以鼯鼠作寵物者不多見。

鼯鼠英名 flying squirrel，可從高處滑翔到低處。臺灣有三種，以分布中低海拔地區的大赤鼯鼠最常見；白面鼯鼠分布中高海拔地區，也不稀奇；小鼯鼠分布中海拔地區，數量較少。二、三十年前，風景區的紀念品店普遍販售鼯鼠標本，白面鼯鼠較大赤鼯鼠價錢高些，記憶中似乎沒見過小鼯鼠標本。

　　在天然林中生息的松鼠，四季都有堅果可供食用、磨牙。當中低海拔的天然闊葉林改為柳杉純林，除了柳杉毬果成熟季節，其他季節只好啃嚙樹皮。此外，蛇、鷹、黃鼠狼等天敵減少，也是松鼠為害加劇的原因之一。

西伯利亞花栗鼠（*Tamias sibiricus*）。（維基百科提供）

　　俗語說「人怕傷心，樹怕剝皮」，樹皮如遭啃咬，輕則變形、重則死亡。特別是分布廣、數量多的赤腹松鼠，為害最烈。1961～1985 年，林務局曾以每隻五元的價格，收購松鼠的尾巴，共收購到七十八萬條，其中包括數萬條鼯鼠的尾巴。近年來不再捕殺，樹木枯死的情形較前嚴重。然而，現今林業單位已不像

過去那麼要求業績，被咬死的樹木剛好成為疏伐的對象。松鼠磨牙時，呈條狀剝下樹皮。牠們取食時，先剝下樹皮，再啃食內皮的組織，會留下明顯的齒痕。鼯鼠的食物以樹葉、嫩芽與嫩枝為主，但磨牙或搜集築巢材料時仍會啃噬樹皮。鼯鼠的咬痕呈環狀，這是最具傷害的剝皮法，所幸數量較少，為害並不嚴重。

寵物鼠

同心圓往外畫，畫到寵物鼠。小白鼠乖巧可愛，不會咬傷人，是最廉價、最容易飼養的寵物鼠。飼養箱（籠）中通常置有旋轉輪，讓牠們奔跑、活動。市售的寵物松鼠，幾乎都是赤腹松鼠。飼養松鼠，最好從還沒睜幼眼的幼鼠養起，動物有所謂銘印現象，對第一眼所看到的事物印象特別深刻。當然嘍，松鼠不是家畜，不可能養熟，牠們長大後喜歡咬東西（磨牙），一不小心就可能被牠咬傷，除非經過訓練，最好不要取出把玩。

天竺鼠原產南美，又名荷蘭鼠、豚鼠，屬豚鼠科，英名 Guinea pig，學名 *Cavia aperra porcellus*。重 500～1500 公克，皮毛柔軟光滑，毛色有各種變異，也有長毛、短毛、捲毛等品種。地理大發現前，新大陸缺少家畜，天竺鼠曾是印地安人的重要肉品。

松鼠科的花栗鼠，英名 chipmunk，有二屬——*Tamias*、

Eutamias，前者產美東，後者有十幾種，產美西及亞洲北部，包括蒙古、東北、華北。身長（含尾）僅約 20 公分，臉部級體側有縱行淺色條紋。攝食時以前肢抓住食物，狀極可愛。

現今青少年流行養的倉鼠，英名 hamster，屬倉鼠科，當其頰囊儲藏食物，臉部看起來特別大。常見的有兩種：歐洲倉鼠和敘利亞倉鼠，前者英名 common hamster，學名 *Cricetus cricetus*，身長可達 30 公分，體重 110～140 公克，常用作實驗動物。

敘利亞倉鼠俗稱黃金鼠，亦即卡通中的哈姆太郎，英名 Syrian hamster，學名 *Mesocricetus auratus*，身長 12.5～17.5 公分、體重 85～150 公克，原產敘利亞、黎巴嫩、以色列，是最早作為寵物的倉鼠。獨居，不能將兩隻置於一處。1930 年，耶路撒冷大學教授 Israel Aharoni 在敘利亞沙漠發現一窩，現今世界各地的敘利亞倉鼠皆其後代。有短毛種和長毛種，毛色多為單色和雙色，三色以上的價錢較高。

敘利亞倉鼠白子。（維基百科提供）

除了敘利亞倉鼠，作為寵物的倉鼠還有三種侏儒倉鼠（或音譯多瓦夫倉鼠），牠們是坎培爾侏儒倉鼠、沙漠侏儒倉鼠和短尾侏儒倉

鼠，都可以成對甚至成群飼養。簡介如下：

坎培爾侏儒倉鼠，又稱俄羅斯倉鼠、西伯利亞倉鼠。英名 Campbell's dwarf hamster，學名 *Phodopus campbelli*。原產貝加爾湖東部、蒙古和中國北部。1902 年由坎培爾在唐

四種不同毛色的坎培爾侏儒倉鼠。（維基百科提供）

努烏梁海發現。身長 6～12 公分，體重 30～45 公克。毛色及質地甚多變異。

沙漠侏儒倉鼠又稱老公公鼠，是倉鼠中最小的一種。（維基百科提供）

沙漠侏儒倉鼠，又稱老公公鼠、羅伯羅夫斯基倉鼠，英名 Roborovski hamster，學名 *Podopus roborovskii*。取名老公公，是因為雙眼上各有一小塊白毛。原產俄羅斯、哈薩克、新疆、蒙

古。行動靈活、快速。身長4～5公分，只有拇指大小，是倉鼠中最小的一種。

短尾侏儒倉鼠，又名加卡利亞鼠、楓葉鼠、趴趴鼠、短尾松鼠。英名 dwarf winter white Russian hamster，學名 *Phodopus sungorus*。原產西伯利亞南部。身長 7～12 公分，體重 35～45 公克，大小約為敘利亞倉鼠的一半。原為棕黑色，現有許多變種，分別稱為紫倉鼠、三線鼠、布丁鼠、銀狐鼠等。

毛皮用鼠

教育當局倡用的同心圓論，最大缺點是使青年學子的心胸、眼光變窄。個人認為，同心圓應該從文化出發，而非地域。以毛皮（現稱皮草）來說，臺灣地處亞熱帶，或許沒必要談它。然而，本文如果不談毛皮用鼠，豈不患了文化偏枯症？

中國的毛皮用鼠原先只有兩種——灰鼠和旱獺。灰鼠指的是歐亞松鼠，英名 Eurasian red squirrel，學名為 *Sciurus vulgaris*，分布歐亞大陸北方。絨毛細密，色澤光潤，毛幹上有黑灰相間的色節，適合製作女大衣及男女皮帽、圍巾、皮領等。

《紅樓夢》就有多處提到灰鼠，如第六回：「那鳳姐兒家常帶著秋板貂鼠昭君套，圍著攢珠勒子，穿著桃紅撒花襖，石青刻絲灰

鼠披風，大紅洋縐銀鼠皮裙，粉光脂豔，端端正正坐在那裡。」古人穿皮草，毛朝裡，外罩綢緞，頂多只有邊緣露出毛來。文中的貂鼠（松貂）、銀鼠（白鼬），屬於食肉目，不在本文討論之列。

另據《紅樓夢》一〇五回，寧國府抄家，抄出「灰鼠一百六十張」，居各種皮貨之首。又據乾隆「內務府奏銷檔」（賴惠敏，〈乾隆朝內務府的皮貨買賣與京城時尚〉，中研院近史所），官商在恰克圖採購灰鼠達二十八萬七千四百五十九張。這些數據說明，清朝灰鼠皮來源豐富，並非稀有之物。

旱獺即土撥鼠，英名 marmot，屬名 *Marmota*，是松鼠科中體型最大的，具有皮板堅實、絨毛緻密等特點，最適合製作皮帽，也是皮褲、皮大衣和披肩的上等材料。俄國軍警戴的哥薩克帽（北方人稱為三大扇帽），較講究的通常由旱獺皮製成。據邵繼勇〈明清時代邊地貿易與對外貿易中的晉商〉（《南開學報》，1999年3期），晉商「並不收購運銷一般皮毛，而僅採集狐、狼、豹、灰鼠、猞猁、旱獺等各種珍貴皮張，轉運內地銷售。」旱獺與狐、狼、豹、灰鼠、猞猁並列，其經濟價值可見一斑。

中國有三種旱獺：灰旱獺（*Marmota baibacina*，分布俄國、外蒙及新疆天山、阿爾泰山、內蒙東部草原和大興安嶺西坡）、喜馬拉雅旱獺（*M. himalayanus*，分布青藏高原及其鄰近山區）長尾旱獺

（*M. caudata*，分布塔里木盆地以西高山地區），每年有幾十萬張旱獺皮進入市場。

麝鼠和栗鼠

　　海通以後，國人又見識到兩種新大陸毛皮用鼠——麝鼠和栗鼠。麝鼠屬倉鼠科，英名muskrat，學名 *Ondatra zibethicus*，原產阿拉斯加、加拿大和美國。身長 25～40 公分（尾長 20～25 公分），體重可達 1700 公克，其會陰部腺體會產生麝香味分泌物。善游泳，尾部側扁，具有舵的作用。水生哺乳類的底毛緻密，如囓齒目的河狸、麝鼠，食肉目的水獺、河貂，單孔目的鴨嘴獸……，都是上好的皮

麝鼠及其水中的巢，由兩張圖片以電腦合成。（麝鼠巢，美國 National Oceanic and Atmospheric Administration（NOAA）提供；麝鼠，美國 Fish and Wildlife Service 提供。）

貨。麝鼠已可大量養殖，價格與灰鼠、旱獺相若。

　　栗鼠屬栗鼠科，中國大陸稱之為絲毛鼠、絨鼠，英名 chinchilla，有兩種——長尾栗鼠（*Chinchilla lanigera*）和短尾栗鼠（*C. brevicaudata*），原產南美安地斯山區。身長 25～35 公分，體重 400～600 公克，毛質呈絲絨狀，每一毛囊的毛髮可達六十根，其緻密可想而知。自十六世紀起，即被視為皮貨珍品，短尾栗鼠皮尤其珍貴。栗鼠已列為華盛頓公約第一類保護動物，禁止在國際間交易，養殖者亦不例外，因而價格昂貴，可能居各種皮貨之首。

　　栗鼠皮到底有多貴？2007 年 11 月，名歌星碧昂絲來臺北演唱，在某精品店以一百三十八萬元購買一襲栗鼠皮大衣，另以六十九萬元購買一襲河貂皮大衣。如今所謂的貂

1933 年 12 月號著名科普雜誌《*Popular Science*》刊出有關栗鼠的養殖報導。

皮，是指養殖的河貂（不是松貂）。栗鼠皮比貂皮貴上一倍，其價值不言可喻。碧昂絲的「血拼」上了電視，市府保育人員頗有眼識，結果那件栗鼠皮草被沒收，店家被罰了十八萬元。這則新聞相信讀者記憶猶新吧？

關於栗鼠，還有個掌故不能不提：宮崎駿動畫片《龍貓》（英譯 My Neighbour Totoro），就是根據栗鼠的形象繪製的。如今有人將栗鼠稱作龍貓，不通之至。波斯貓有個品系稱作 chinchilla（金基拉），大概和其毛質有關吧？

（本文圖片由作者提供）

（2008 年 2 月號）

動物房記事

◎──張之傑

1970 年代初，筆者管理動物房期間，遇到過一件離奇的「血案」。讓我打開記憶的匣子，把它寫出下吧。

我們系的那個動物房在四樓，大約有二十坪大。有兩個冷暖氣機，調節室內的溫度。一進門，右側是個水槽，和一間大約兩坪大的工作室。左側，靠窗的地方，是兩個大塑膠桶，裡面盛滿進口的老鼠飼料。飼料的樣子像粉筆，但是比粉筆粗得多，是用粉末狀的飼料壓出來的。對門的一側，靠牆角擺著一個大型的孵卵箱。中央，是三排鋼架，有四層，上頭放著進口的不銹鋼飼養箱。箱子一頭有一個凹下去的地方，上面有縫，用來放飼料；另一頭也有個凹下去的地方，用來插水瓶。箱子頂上，開有一道道的縫，大約有半公分寬，用來透氣。

每天早上，上班的第一件事就是在筆記本上為鼠輩們記帳：哪一箱生了幾隻，哪一箱死了幾隻，哪一箱淘汰了幾隻。如果一個箱

子裡的老鼠繁殖太多了，就把年紀大的抓出來弄死。弄死小白鼠的辦法是一隻手拉著牠的尾巴，一隻手拿支鉛筆，壓著牠的脖子，拉著尾巴用力一拉，延髓就拉斷了；用這個辦法，半個小時就可以殺死上百隻小白鼠。大白鼠會咬人，弄死牠比較麻煩；抓牠的時候通常要戴手套，只要抓住尾巴用力在桌上敲，兩三下大概就沒命了。

養在動物房中的老鼠，如果不是幾天忘了餵牠，食物永遠不會缺乏。吃東西的時候，鼠輩們爬到箱子頂上，頭朝天，隔著飼料槽的縫隙，啃飼料吃；似乎永遠吃得少，浪費得多。飼料屑過幾天就要打掃一次，否則和上尿及大便，很快就會長出蛆來。吃飽了，到水瓶上去舔一下水，肚子又充得凸凸的了。

鼠輩們生死無常，每天都要記錄，所以大年初一也不能不去侍候牠們。在侍候鼠輩的六年中，有一件事印象最深刻，就讓我把它寫下來，做為本文的壓軸吧。

大約十三年前，一天，我忽然發現，有好幾個飼養小白鼠和小黑鼠的老鼠箱上頭，布滿血跡，打開一看，有幾隻小白鼠和小黑鼠已經沒有頭了。有一個箱子的縫上還夾著一隻小黑鼠，頭已經被扯斷了，脖子卡在縫上，看起來觸目驚心。我馬上判斷，這是箱外的動物幹的。是什麼動物？我想到貓。但是，除了一個裝有抽風機的通風口外，我想不出還有什麼縫隙可以讓貓鑽進來。就算是從通風

口進來的，也沒有落腳的地方，貓總不會筆直的爬牆吧。一個同事說，可能是黃鼠狼。臺灣固然有黃鼠狼，但鬧市中不可能有；即使有，也不能解釋牠是怎麼爬上來的。

　　從那天起，每天上早到動物房一看，都有很多箱子上掛著死老鼠。有的箱子上血肉模糊，打開一看，總是少了好幾隻，顯然是從箱子的縫中被拖出去了。為了證實我的想法——兇手是從箱子外下手的，我把一隻小黑鼠弄死，將牠的嘴巴伸到縫隙外面，因為縫隙太窄，大概只能伸到眼睛附近。接著，我拉住牠的嘴，用力往外拽。天啊！用了最大的力氣，也拽不出來。我再拽著腿試試，腿拽斷了，但是身體出不來。是什麼動物有這麼大的本事！

　　大門關得緊緊的，唯一的兩扇窗子，又塞上兩架大冷暖氣。每天下班，我都把門關上，照道理說，是不會有什麼動物進得去的。一位同事懷疑是不良少年幹的，建議我下班時把門上鎖，我照他的話做了，但是箱子裡的小老鼠照樣傷亡。

　　是誰幹的？一位同事半開玩笑的說，可能是妖怪。此言一出，一些膽小的女同事再也不敢進動房；連我，進動物房的時候，都覺得冷颼颼的。

　　整個動物房，被「妖怪」攪得亂了章法。很多老鼠被咬傷，有的眼睛被咬傷了，有的一條腿被咬掉了，我們做實驗的時候，都是

先配對，再預估幾天以後可以生出幾隻老鼠。有的時候，一天同時要用一百隻十日齡的小老鼠，如果不能預估，實驗就無法做了。但是神出鬼沒的「妖怪」，使得我們再也沒有辦法掌握。

那位說是貓幹的同事，還是堅持是貓，他說貓可以直上直下。為了證實他的想法不對，我把通風口用木板釘死，但是第二天早上到動物房一看，還是血肉狼藉，顯然，「妖怪」又來了。

杯弓蛇影地大約過了三個月，一天，一位師長要我到動物房清理一下孵卵箱，好讓研究生做實驗胚胎學實驗。我用力把孵卵箱推出來，赫然發現，孵卵箱的左側，也就是靠牆角的一側，有一大堆死老鼠，都變成老鼠乾了，旁邊撒滿了老鼠大便，看大小，像是大白鼠拉的。我猛然想起，褐鼠是吃小白鼠的；是不是不小心讓一隻大白鼠（褐鼠的變種）跑出來，變成了兇手？

我立刻下樓找來三位同事，先把那堆死老鼠掃乾淨，足足掃了一大塑膠桶！接著，四個年輕人開始「關門打老鼠」。我們到處找，到處尋，最後在孵卵箱裡找到了牠──不是隻大白鼠，而是一隻野生的褐鼠！追逐了大約十分鐘，最後被一個同事一腳踩住，踩成肉餅。

把那隻褐鼠打死後，我忽然想起一件事，查看一下牠的生殖器，果不其然，是隻公的！我明白了，可能是有一天門敞著，牠溜

進來，沒有馬上出去，門又關上了。動物房裡雖然不缺吃（有兩個大水桶飼料）、不缺喝（有一個水槽），但是因為缺少配偶，使牠變得又煩燥又兇暴，那些小白鼠、小黑鼠就成了牠發洩的對象！

　　打死那隻褐鼠，動物房裡又恢復了平靜。至今仍然不解的是，一隻小小的褐鼠，怎麼會有那麼大的力氣，隔著箱子，把小白鼠和小黑鼠拖出來？我也不解的是，小鼠躲在箱底就沒事，為什麼要跑到箱子上面讓褐鼠下毒手呢？

（原載《中央日報》副刊，1984 年 1 月 21 日。原題〈鼠年談鼠〉，節錄其後半部，略加改寫而成此文。）

中國畜牛的演變

◎─張之傑

1997 年，歲次丁丑，筆者在《科學月刊》2 月號發表應時文章〈野牛滄桑〉。轉眼之間已過了十二年，林總編問我要不要來一篇〈己丑談牛〉？當然要！〈野牛滄桑〉引出五篇論文，能不藉機表現一下嗎？

中文習稱的「牛」，主要指牛屬（*Bos*）和水牛屬（*Bubalus*）。前者的角較圓，無橫紋；後者的角較寬，有橫紋。單單從角型，輕易就可以區分。

寫作〈野牛滄桑〉時，根據岩畫、青銅器狩獵紋及漢畫等資料，認為古時的野牛是指家牛的祖先──原牛。當時附帶發現了一個有趣的現象：商、西周青銅器的牛角或牛首裝飾、牛尊等肖生器物、石牛或玉牛等玩物（以下簡稱牛形器物），從牛角的形態觀察，無不取象於水牛屬，沒有一件例外！

聖水牛

　　我意識到，這一附帶發現，在生物史和農業史上具有重大意義。寫作〈野牛滄桑〉時輾轉獲悉，殷墟曾出土大量哺乳動物遺存，前輩學者德日進、楊鍾健和楊鍾健、劉東生曾加以研究，撰成兩篇關鍵性論文。我又輾轉獲悉，殷墟遺存中有一種已滅絕的水牛——聖水牛。古人「鑄鼎象物」，商、西周的牛形器物是否取象這種水牛？

　　要回答這個問題，必須弄到那兩篇論文。楊鍾健、劉東生的〈安陽殷墟哺乳動物群補遺〉（1949），友人幫我在臺大圖書館找到了；德日

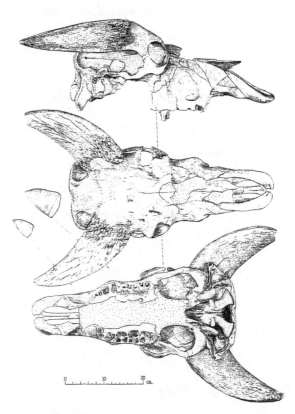

聖水牛頭骨之側面、頂面、及顎面素描。牛角僅餘角心，角質鞘已腐化。圖中顯示角之截面為三稜形。（取自德日進、楊鍾健論文）

進、楊鍾健的〈安陽殷墟之哺乳動物群〉（1936）久覓不獲，直到1997 年夏，才從北京自然科學史研究所的汪子春先生處得到一份複印本。

看完這篇經典論文的聖水牛條，不禁拍案歡呼。是的，商、西周的牛形器物的確取象聖水牛！近十幾年來，因治史而歡呼不只一次，但以發現商、西周的牛形器物莫不取象聖水牛最為自得。

根據德、楊二氏論文，殷墟哺乳動物遺存的水牛屬只有一種，即 *Bubalus mephistopheles*，德、楊在論文中文摘要中將之譯為「聖水牛」。這種已滅絕的水牛，首先由 A. T. Hopwood 命名（1925 年），Hopwood 在安陽採集到幾副角心，由於角型像西方人所傳言的魔鬼，所以種名取為 *mephistopheles*（魔），德、楊二氏轉譯為「聖」，於是中文文獻中就有了聖水牛的稱號。

殷墟出土的哺乳動物遺存，可以反映殷商時期安陽一帶，家畜及野生動物的種類和數量。既然遺存中水牛屬只有聖水牛一種，那麼牛形器物取象這種已滅絕的水牛，豈不是理所當然的事。

聖水牛 vs.牛形器物

殷墟哺乳類遺存中出土的聖水牛甚多，有不少頭骨保存完整。對照商、西周牛形器物，兩者一一吻合。這是古文物記錄古生物形

態的特殊案例，極其稀有罕見。

遺存中聖水牛的牛角僅存骨質角心，角質鞘已經腐化，不過角心大致可以反映整隻角的形態。聖水牛的角心粗短，呈三菱形，稜線分明，向後彎的曲率大（呈 U 字型）。此外，聖水牛的頭較大，眼睛也較大，兩角之間之額部向下凹陷，兩眼之間尤其顯著。其次，聖水牛的枕骨突起粗大，意味著頸部較為粗短。這些聖水牛的特徵，無一不在商、西周牛形器物上顯現。

商、西周的牛形器物，牛角皆呈三菱形，向後彎曲的曲率甚大；兩角間之額部，也無一例外地向下凹陷；石牛、玉牛等玩物，更顯現聖水牛頸部粗短的特徵。總之，德、楊二氏論文關於聖水牛形態的種種描述，在商、西周的牛形器物上都可以得到印證。已滅絕的古生物竟然留下寫實性雕塑，不能不讓人拍案叫絕！

寫實性牛形器物還可以彌補古生物學研究之不足。古生物學家不能告訴我們角質鞘上有幾道橫紋，也不能告訴我們聖水牛耳朵的形態，寫實性牛形器物卻能告訴我們這些訊息。

或曰：安知商、西周牛形器物不是取象家水牛（*B. bubalis*）？家水牛的牛角較長，呈扁圓形，向後彎的曲率較小（呈ㄩ字型）；此外，兩角間之額部明顯外凸；這些差異，和聖水牛極易區分，對比之下，顯然並非取象家水牛。

我將上述觀察致函生物史家汪子春先生，請他查詢一下，這個問題可曾有人探討？他查閱文獻、徵詢專家，結論是：「國內確定沒人做過。」於是就在 1997 年──寫作〈野牛滄桑〉那年秋天，放膽寫成兩篇論文〈聖水牛形態管窺〉和〈殷商畜牛考〉，成為筆者科學史探索的重要作品。

聖水牛是畜牛嗎？

牛方鼎，商代後期，中研院史語所藏。鼎面有變形牛首紋裝飾，牛角上有橫紋，因知取象水牛。類似造型的商、西周牛首紋青銅器甚多。

　　商、西周牛形器物無不取象聖水牛，是否意味著這種已滅絕的水牛，就是商、西周的畜牛？根據德日進、楊鍾健的論文，殷墟哺乳動物遺存中的牛屬和水牛屬各有一種，後者即聖水牛，前者為 *Bos exiguus*，德、楊在中文摘要中逕稱為「牛」，筆者為行文方便，姑稱之為「殷牛」。因此，殷商的畜牛，不是殷牛就是聖水牛，或兩者皆是。

　　根據楊鍾健、劉東生論文，

在殷墟哺乳動物遺存中，殷牛估計在一百隻以上，聖水牛估計在一千隻以上，可見聖水牛遠多於殷牛。對於聖水牛和殷牛孰為家畜，德、楊似乎偏向兩者皆是，但用語謹慎，並未遽下結論。筆者認為，如果殷商的畜牛包括殷牛，商、西周牛形器物怎會未之一見？再說，動物圖像大多有其象徵意義，畜牛通常象徵財富，商、西周的牛形器物全都製成水牛型，豈不說明當時以水牛為家畜。

德日進、楊鍾健曾在其論文中描述一枚角心特別粗短、額部特別低陷的標本，謂其「abnormally」（違常），筆者在牛形器物中曾見過類似的例子，可見所謂違常，可能是一種短角品種。一般而言，野生動物形態一致，豢養動物才可能分化成多種品種。

甲骨文卜辭進一步證實了上述推論。卜辭常有狩獵、祭祀的記載。羅振玉《增訂殷墟書契考釋》，輯有卜辭 1169 條，分為卜祭、田獵、征伐、風雨等九項，其中卜祭最多，占 538

司辛石牛，商代後期，中國歷史博物館藏。婦好墓出土，底部鐫「司辛」兩字。除了雲紋裝飾，其餘無不寫實，與古生物學所描述的聖水牛一一吻合。

條；田獵次之，占 186 條。筆者遍查屬於田獵的 186 條，沒發現一個「牛」字，說明當時牛不是一種野生動物。另一方面，筆者曾查閱屬於卜祭的 538 條，具有「牛」字的占 69 條（具有牛字意涵的「牢」、「牡」等尚不在內）。牛之常見易得，證明「牛」是一種家畜，不是野生動物。

根據這些觀察，筆者又撰成論文〈甲骨文牛字解〉，判定甲骨文的「牛」字，特指聖水牛。換句話說，在殷商時代，「牛」字是一專稱，而非泛稱。

古時黃河流域的氣候

商、西周以聖水牛為畜牛，是否意味著當時黃河流域較現今溫暖？答案是肯定的。劉昭民〈中國歷代氣候變遷大勢〉指出，竺可槙等根據植物孢粉化石、考古及古生物學發現、文字記載等多項指標，得出歷代年平均溫變化情形。過去五千年的前三千年，即仰韶文化至西漢末年，黃河流域大部分時間屬於溫暖氣候時期，年平均溫較現今高出約2℃，1月平均溫度較現今高出約3～5℃。

當時黃河中下游河道縱橫，低窪地區森林沼澤密布，動物相與現今長江流域類似。考古學家曾在西安半坡仰韶文化遺址出土大量竹鼠遺骸，以碳十四定年，判定為五千年前之物。如今竹鼠只生長

在長江以南及華南溫溼地區的森林中。殷墟哺乳動物遺存中就有竹鼠，此外尚有貘、象、犀、麋鹿等熱帶或亞熱帶動物。商、周青銅器也有象、犀等肖生器物。

甲骨文卜辭常有獵象、獲象的記載，例如「今夕其雨……隻（獲）象」，意為「今晚有雨，能獲象嗎？」可見大象曾是商王的狩獵對象。根據李宏〈商代甲骨文與動物〉，1978 年安陽武官村出土的象，頸部繫著銅鈴，顯然是一頭馴象。《呂氏春秋·古樂》：「商人服象，為虐於東夷。」商人還曾以象征戰呢！象是熱帶動物，這是古時黃河流域曾經溫暖溼潤的另一證據。

根據楊鍾健、劉東生的論文，殷墟哺乳動物遺存中超過一千隻的只有三種：聖水牛、腫面豬和麋鹿（四不像鹿）。這三種動物都適合生活在沼澤地帶，足以說明殷商時安陽一帶的自然環境。

聖水牛的馴化

話題再回到牛。聖水牛到底什麼時候成為家畜？事隔幾千年，已無從查稽。動物馴化為家畜，必須符合易得、可馴、合群等條件。上古時代，殷牛和聖水牛都有成為家畜的潛力，人們為什麼選擇了聖水牛？

人們選擇了聖水牛，可能和環境有關。上古時代黃河中下游氣

候溫潤，低窪地區多沼澤、森林，先民濱水而居，和聖水牛的棲所重合。根據郭文韜《中國農業科技發展史略》，中國人養牛始於仰韶文化，至少已有五千年歷史，也就是始自溫暖氣候期，這時自以聖水牛中選的機會較多。

　　先秦史料《世本》有「王亥作服牛」的記載。「作」，意為「創作、發明」。王亥是商朝始祖契的六世孫，商朝開國國君成湯的七世祖。卜辭稱他「高祖亥」，祭牲可達三百頭牛，等同祭天，可見他在殷人心目中的地位。所謂「服牛」，可能是發明以牛駕

伯矩鬲，西周早期，首都博物館藏。（左）蓋面及袋足之牛首紋，顯示牛角上的三道橫紋。蓋紐塑牛首，栩栩如生，可視為聖水牛寫實性雕塑；（右）蓋紐特寫，可以看出額部凹陷、牛角呈三稜形等聖水牛特徵。

車。他帶領部眾駕著牛車在各地貿易，因而外人稱他們為「商人」。王亥養來駕車的牛，大概就是聖水牛。

西元 2000 年，大陸的「夏商周斷代工程」發布夏商周年表，訂定湯滅夏為西元前 1600 年。王亥既為成湯的七世祖，生活時代當在夏朝中期，亦即西元前 1800 年前後，這時聖水牛早已馴化為家畜了。

家牛取代聖水牛

根據「夏商周斷代工程」，西元前 1046 年武王伐紂，這時氣候仍然溫暖。然而到了西周後半期，氣溫下降，出現歷史上第一個小冰河期。史家認為，西周亡國可能和氣候變遷有關。這個小冰河期雖然為期不長，對於生活在黃河流域的熱帶或亞熱帶動物卻不可能不發生影響。周平王東遷，氣候漸漸恢復溫暖，但不知是西周後半期的小冰河期，還是其他因素，一進入東周，牛形器物就少見了。

筆者案頭有一部《中國美術全集》和一部《中國青銅器全集》，遍查所有圖版，東周的牛形器物少之又少，水牛造型器物更成絕響！春秋早期的「黃夫人罍」，雙耳上有變形牛型裝飾，角型較像水牛，但末端上彎，似乎又像牛屬。此外再也找不到水牛屬造型器物。在有限的幾件牛形器物中，戰國中晚期的「錯銀臥牛」和戰國晚期的「石臥牛」，顯然都是家牛（*Bos taurus*）。

在文字資料方面，到了周朝──尤其是東周，有關牛的文獻增多。《論語‧雍也》：「子謂仲弓曰：『犁牛之子，騂且角，雖欲勿用，山川其舍諸？』」「騂」，紅褐色，顯然是指家牛（黃牛）。到了漢朝，從出土的大量漢畫中，更是只見家牛（和野牛），不見水牛。在殷商盛極一時的聖水牛，這時可能已在北方大地上絕跡。

　　那麼南方呢？當北方的畜牛含混不清時，戰國至西漢，南方的

錯銀臥牛，戰國中晚期，中國歷史博物館藏。有「大府之器」銘文，於楚國最後國都壽春一帶出土，「大府」即楚王府庫。牛角較圓、較短，無橫紋，向後彎的曲率較小，應為牛屬之家牛。進入東周，水牛型青銅器物已成絕響。

四牛騎士儲貝器，西漢，雲南省博物館藏。牛角圓而長，體型及角型均似原牛（野牛）。雲南出土戰國至西漢古滇國青銅器甚多，野牛及畜牛為常用的裝飾素材。

滇人所鑄造的青銅牛，無不形象逼真，栩栩如生。有一件「獻俘鎏金扣飾」，塑兩位甲士，一前一後，押解著一位背負小孩的婦人和一牛、二羊，從體型來看，顯然是隻畜牛而非野牛。同時出土、大小相仿的「縛牛扣飾」，表現五個人正奮力將一頭野牛綁在柱子上。這些野牛和畜牛，都屬於牛屬，沒有一件屬於水牛屬。

因此，進入春秋，無論北方或南方，家牛逐漸取代聖水牛，到了戰國，可能已取代殆盡，甚至聖水牛可能已經絕種。原牛（英名aurochs，學名 *Bos primigenius*）直到 1627 年才完全滅絕，各地家牛皆其後裔。根據德日進、楊鍾健論文，殷牛與原牛形態相同，只是體型略小，筆者研判，所謂殷牛，可能是原牛的一個亞種。中國的家牛是由自家原牛馴化而成？還是源自域外？這一中國農業史上的重大問題值得探討。

家水牛的出現

談到這裡，讀者可能會問：中國人何時豢養家水牛？這個問題一時無法回答。春秋以後，當「牛」字逐漸變為泛稱，從文字文獻上已不易判斷其物種指涉。考古學家也不作興區分牛屬和水牛屬，大多用個「牛」字籠統帶過。因此，較為可靠的還是雕塑或者繪畫。

筆者曾查閱歷代繪畫——包括漢畫、魏晉南北朝至唐代壁畫，

輞車畫像，東漢，山西省博物館藏。上部畫一母牛拴於樹下，中部畫一駕輞車正要起行。從體型及角型觀察，顯然屬於家牛。

〈柳塘呼犢冊〉，宋佚名畫家繪。宋畫注重寫實，宋室南遷，家水牛入畫增多，此幅可能是南宋時作品，因係設色，更加逼真。

在宋代以前，從未見過家水牛的圖像。家水牛原產東南亞，中國南方的水田耕作起源甚早，適合水田的家水牛照理不應傳入太晚。然而，湖南一帶出土的商、西周牛形器物，仍屬聖水牛造型。南方的滇人，和東南亞密邇相接，戰國、兩漢時期所鑄造的銅牛俱是牛屬的野牛或家牛。這樣看來，家水牛傳入中國應該是很晚的事了，不是嗎？

（本文圖片由作者提供）

（2009 年 2 月號）

中國虎雜談

◎—張之傑

年終歲尾常有報章雜誌邀寫生肖文。為科月撰寫得格外慎重，如何著手傷透了腦筋。談制式的動物學嘛，從百科全書或一般動物書上就能讀到，何必勞我絮絮叨叨。談掌故嘛，既寫不過前輩大家，也不合科月旨趣。想來想去，還是「我自用我法」吧。

「我自用我法」是清初大畫家石濤的名言，他十七歲那年雲遊到杭州，駐錫靈隱寺，畫了幅山水冊子，在題記上說，畫有南北宗，要學誰呢？「一時捧腹曰：我自用我法！」

一枚虎牙

政府 1988 年開放兩岸往還，在開放後的前十年左右，不少單幫客到大陸搜購土產。就在那段時間，我在新店市中興路（當時還在修築）的臨時夜市地攤上，看到幾十枚老虎的犬齒。問攤販從哪裡買到的，他只說是大陸，沒說出明確的地方。我買了兩枚，一枚下

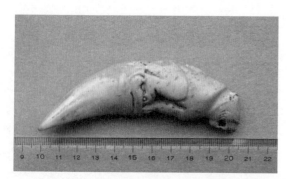

約 1989 年，筆者在地攤買到的一枚虎的上顎犬齒，猜測是華南虎的。

顎犬齒已經遺失，現在還保有一枚上顎犬齒。

這枚虎牙長 10.3 公分，牙冠占二分之一強，牙根部分刻成一隻蹲坐的老虎。在食肉目中，只有老虎和獅子有這麼大的犬齒，中國不產獅子，這枚犬齒顯然是老虎的。

中國是個多虎的國家，根據大陸學者何業恆先生《中國虎與中國熊的歷史變遷》（湖南師範大學出版社，1996），1900 年時全國有 1166 個縣（約占全國半數）產虎；直到 1949 年，全國仍有 529 個縣產虎，其中華南亞種占 370 個縣，可說是中國虎的代表，難怪華南虎又有中國虎之稱。

然而，從 1950 年代到 1960 年代，中國大陸曾經迭次發動「除害運動」，單單是湘西南的通道縣一個縣，從 1954 年到 1958 年，縣「消滅獸害指揮部」的打獵隊，就獵殺了一千隻！何先生說：「衡量這一時期，全省、全國被消滅的老虎究竟有多少，一直無法清楚。」在全面捕殺下，野生的華南虎可能已經滅絕。我買的那枚虎牙，大概就是「除害運動」的遺物吧。

廈門獵虎

　　華南虎的學名是 *Panthera tigris amoyensis*，英名是 South Chinese tiger 或 Amoy tiger；*amoyensis*，意為「廈門的」，可見模式標本（用來命名的第一件標本）得自廈門。廈門是個島嶼，1843 年（中英南京條約）就闢為通商口岸，難道 1905 年德國動物學家賀澤麥（Max Hilzheimer）為之命名時廈門仍然有虎？

　　答案是肯定的，直到 1920 年代廈門仍有虎呢！大約 1969 年，我在光華商場買到一本日本動物學家大島正滿的書（書名已失憶），後來主編《自然雜誌》（陳國成教授於 1977 年創辦），找出那本書，將其中幾篇委請黃綉英女士翻譯，其中〈廈門獵虎〉刊《自然雜誌》1978 年 6 月號，記述日本葵川侯爵在廈門郊區山中獵虎的事。

　　這次獵虎，大約發

1920 年代廈門的打虎隊及所獵華南虎，後排右一為葵川。古人獵虎多用鋼叉，或在其出沒處埋設窩弓射殺。

生在 1920 年代末，當時福建是日本的勢力範圍。葵川侯爵前往印度狩獵，途經廈門，聽領事說郊區就有猛虎，不禁心動，率同當地獵戶到山上搜捕。經山神廟的廟祝指點，「獵戶們在洞窟裡，在岩石縫隙間，到處搜尋，手裡掄著火把和鋼叉。侯爵站在大岩石上架著槍俯視四周。」

老虎一再現身，到了第三天，「附近的村民聽說已經把猛虎追趕出來，都成群來援助，人們遠遠地圍住那頭憤怒的老虎，那虎哇喔哇喔地吼著，試行反擊，但熟練的獵人們反而持叉逼近，一支三股鋼叉突然向虎的下顎刺過去。」最後，受了重傷的老虎，被葵川射殺。「這頭老虎體重175 公斤，興奮的侯爵剝下牠的皮，用以紀念這次戰鬥，周圍的民眾爭先恐後地吸飲牠的血，割牠的肉，不一會兒，虎身即消失得無影無蹤。」

中國多虎，畫虎成為繪畫的重要題材。圖為清初指畫家高其佩〈山君圖〉。指畫是以指代筆的一種技法。

唐山出虎

　　連廈門都有虎，福建其他地區更不用說了。臺灣和福建一水之隔，但臺灣不曾有虎。記得幾十年前萬華有位賣蛇粉的漢子，開場時總是咧大了嘴巴吼道：「唐山出虎，臺灣出蛇！」閩南裔口中的「唐山」，主要指福建。「唐山出虎」，是渡臺先民遺留下的共同記憶。

　　關於唐山出虎，我有兩篇剪報為證。筆者少時家貧，看報都在公共閱報欄上看，直到 1966 年師大畢業到中學實習，家裡才開始訂報。起初曾斷續地剪貼過，現今仍殘存幾本克難剪貼簿。當時距離陸沉不到二十年，報章雜誌經常刊登故國之思的文章。1968 年 12 月 18 日，有位筆名彭清的作者，在《中央日報》副刊上寫了篇〈家鄉的虎〉，開篇說：「老家在閩贛交界處，多山多森林，是虎豹棲息的好地方。幼年逃匪禍，全家搬進原始林，時有虎豹出現，多見不怪，習以為常。」12 月 23 日，筆名仙渭的作者寫了篇回應文章〈福建的虎〉，開篇說：「中副刊彭清先生『家鄉的虎』一文，謂閩贛交界處，多山多森林，所以老虎多。據筆者所知，福建全省皆多虎，在閩南一帶，山不高，林不深，老虎也一樣的多。」

　　〈福建的虎〉的作者仙渭又說：「筆者戰時旅居泉州，時常聽

說老虎進城被人打死，第二天菜市場上就有老虎肉、老虎骨擺在地攤上出售。……至於近郊農家，半夜裡老虎翻牆進來，偷吃了老母豬的事，可說經常發生，不算新聞。」「戰時公路多遭破壞，由泉州至省會永安（編按：戰時省會），須循永春溪而上，在德化、大田間，全係崎嶇山路。筆者某次晉省，行經大田附近叢山間，時近黃昏，且有微雨，滿山瘴風，腳下生雲。忽然發現對面山腰有虎群沿山壁徐行，大小不下五、六隻之多，相距不過一、二百公尺，可以清晰辨識。當時嚇得屏息驚恐，不知所措。……」

徽州唐打虎

華南虎分布廣、數量多，徽州還出現過獵虎世家呢！清代紀昀《閱微草堂筆記》卷十一有段記載：

族兄中涵知旌德縣時，近城有虎暴，傷獵戶數人，不能捕。邑人請曰：「非聘徽州唐打獵，不能除此患也。」（休寧戴東原曰：「明代有唐某，甫新婚而戕於虎，其婦後生一子，祝之曰：「爾不能殺虎，非我子也。後世子孫，如不能殺虎，亦皆非我子孫也。」故唐氏世世能捕虎。」）乃遣吏持幣往。歸報唐氏選藝至精者二人，行且至。至則一老翁，鬚髮皓然，時咯咯作嗽，一

童子十六七耳。大失望，姑命具食，老翁察中涵意不滿，半跪啟曰：「聞此虎距城不五里，先往捕之，賜食未晚也。」遂命役導往，役至谷口，不敢行，老翁哂曰：「我在，爾尚畏耶？」入谷將半，老翁顧童子曰：「此畜似尚睡，汝呼之醒。」童子作虎嘯聲，果自林中出，逕搏老翁。老翁手一短柄斧，縱八九寸，橫半之，奮臂屹立，虎撲至，側首讓之，虎自頂上躍過，已血流仆地。視之，自頷下至尾閭，皆觸斧裂矣。

《閱微草堂筆記》以志怪為主，兼談所見所聞，後者具有史料價值。作者紀昀（曉嵐），引戴震（東原）的話，說明徽州唐氏擅捕虎信而有徵。清時徽州轄歙縣、黟縣、休寧、祁門、績溪、婺源等六縣。戴震是休寧人，所記當為家鄉故實。故事發生的地點旌德縣，清時屬宣城府，和徽州同在皖南。地理上的吻合，說明這則記事的可靠性。

皖南曾是華南虎的分布區。虎是獨居性動物，通常白天休息，傍晚出來活動。「童子作虎嘯聲」，乃模仿虎嘯，使睡臥的老虎以為有同類入侵，這和虎的領域行為吻合。老虎被虎嘯聲引出來，獵虎專家施展奇技，以特製短柄利斧，將凌空撲過來的猛虎開腸破肚。敘述簡潔生動，場景歷歷如繪，可供編寫動物行為學說明領域

行為時引用。

華南虎事件

　　近十餘年來，中國大陸的動物保護意識逐漸提高，學者們紛紛前往可能有華南虎出沒的地區調查，當學者們不得不認定野生華南虎可能已經滅絕時，陝西鎮坪縣農民周正龍自稱2007年10月3日拍得一組華南虎照片。10月12日，陝西省林業廳冒然將這批照片正式對外發布，頓時成為中國大陸大小媒體的焦點。

2007年，陝西農民周正龍偽稱拍到華南虎照片企圖斂財。（上）周正龍偽造的虎照之一。（下）2008年6月29日陝西省警方公布周正龍偽造證據。

　　陝南的確曾有華南虎分布。根據《中國虎與中國熊的歷史變遷》，華南虎曾分布江蘇南部、安徽中部和南部、河

南西部和南部、陝西南部、甘肅和青海南部、浙江、江西、湖北、湖南、四川、貴州、雲南、福建、廣東、廣西等省，其中以湘、贛兩省為中心，相鄰的浙、閩、粵、桂、黔、川、鄂為其擴散地帶，蘇南、皖南、豫西南、陝南、甘南、川西、滇東北數量較少，分布也不均勻。鎮坪縣地處大巴山北麓，曾經是陝西華南虎分布較多的區域。

周正龍拍得華南虎的消息，引起國內外關注，還登上 Science！後來被人揭穿，周正龍的虎照是變造的！鑑識專家李昌鈺在福建演講時說：「照片後期處理得相當好，我只能說咱們中國農民很不錯，Photoshop 的水平太高了。」2008 年 11 月 17 日，周正龍因詐欺罪被判處兩年半徒刑，緩刑三年，一場喧騰國際的鬧劇至此收場。

一組造假的圖片，竟然蒙混過陝西林業廳等單位，連學術界也出現了若干「挺虎派」！這一社會現象意味著什麼？

中國虎一覽

除了華南虎，中國還有哪些亞種？根據《中國動物志‧獸綱‧食肉目‧貓科和熊科》，中國虎有六個亞種，列名如下：

模式亞種 *Panthera tigris tigris* Linnaeus, 1758

東北亞種 *P. t. altaica* Temminck, 1844

華北亞種 *P. t. coreensis* Brass, 1904

西北亞種 *P. t. lecoqi* Schwarz 1916

華南亞種 *P. t. amoyensis* Hilzheimer, 1905

雲南亞種 *P. t. corbetti* Mazak, 1968

　　虎的亞種，依據體型、毛色和斑紋區分，一般人很難分辨。上述六個亞種，模式亞種（英名 Bengal tiger，中名孟加拉虎）的中心在印度次大陸；東北亞種（英名 Siberian tiger 或 Amur tiger，中名東北虎或關東虎、滿州虎）的中心已退到烏蘇里江以東；雲南亞種（英名 Indochina tiger，中名印支虎）的中心在中南半島；中國獨有的華南虎、華北虎和西北虎已沒有野生種，華南虎雖仍有若干豢養的，但後兩者恐怕連動物園裡也找不到了。

養虎和殺虎

　　模式亞種 *Panthera tigris tigris* 的模式標本來自孟加拉，所以一般稱作孟加拉虎。當年林奈為虎命名時，將虎歸為貓屬，學名取為 *Felis tigris*，後來加上亞種名，成為 *Felis tigris tigris*。當虎被歸為豹屬時，就成為 *Panthera tigris tigris* 了。

孟加拉虎分布印度、巴基斯坦、孟加拉、尼泊爾、不丹、緬甸等地，中國西藏山南地區據說也有少許。由於分布廣、數量多，加上印度人不殺生，當華南虎滅絕後，已成為數量最多的亞種。現今世界各動物園中的虎，絕大多數屬於孟加拉虎。臺灣飼養老虎並不違法時，一些養虎人家所飼養的，也是這個亞種。

　　1988 年，我辭去科學教育館的工作，到居家附近的錦繡文化企業上班。新店民權路南側有家人家用鐵籠子養著一隻孟加拉虎，每天上下班，都會在鐵籠子前駐足片刻，那隻孟加拉虎總是百無聊賴地，或張眼或閉眼趴著不動。一天我問飼主養來做什麼？回答是：「如果聰明，就賣給馬戲團；如果不夠聰明，就殺了賣虎骨、虎肉。」虎骨虎肉都很值錢。大約一年後，鐵籠子和老虎都不見了，八成已被宰殺。

　　1984 年 8 月 19 日，嘉義縣溪口鄉的一位商人，於溪口國小前的馬路旁，當眾將兩隻孟加拉虎宰殺，從皮肉到筋骨、血液、內臟，頓時高價銷售一空。《人間雜誌》攝影記者蔡明德拍下殺虎鏡頭，引起國際關注，政府不得不禁止殺虎，但任何改革都難以立竿見影，起碼到 1988 年時還有人養虎預備宰殺呢！1995 年，某國際媒體引用 1984 年的殺虎照片指控臺灣，標題是「Tiger slaughter that shames the world」（屠殺老虎貽羞世界）。

華北虎和東北虎

　　前面說過，到了 1949 年，全國仍有 529 個縣產虎，各亞種的分布縣數如下：

　　　模式亞種　　　5 縣

　　　東北亞種　　　67 縣

　　　華北亞種　　　39 縣

在各亞種中，東北虎體型最大，毛最長。此圖攝於美國水牛城動物園。（維基百科提供）

西北亞種　　　23 縣

華南亞種　　　370 縣

雲南亞種　　　25 縣

　　從分布縣數可以看出，到 1949 年，東北虎和華北虎的分布仍很廣。華北虎曾分布河北、內蒙中部、山西、陝西北部和中部、寧夏、甘肅東部和中部、河南東北部、山東、安徽北部和江蘇北部。在「除害運動」的壓力下，1950 年代就滅絕了。

　　一般動物學文獻都不列華北虎，老友賴景陽編《世界哺乳動物名典》就沒列。雖然布拉斯（Brass）於 1904 年就為之命名，但似乎未獲廣泛認同，這是因為華北虎已併入華南虎，或視為華南虎的變種。分類學家見仁見智，類似的情形不足為奇。

　　至於東北虎，除了東北，尚分布烏蘇里江以東（俄國遠東省）和北韓。中國的東北虎，遼寧的最早滅絕，大興安嶺的 1970 年代滅絕，黑龍江和吉林的也迅速從小興安嶺向東南收縮，目前只在幾處自然保護區有少數殘存。根據維基百科，長白山自然保護區只剩二十幾隻，烏蘇里江以東有幾百隻，已列入國際瀕危動物名單。

新疆虎

中國虎的西北亞種一般稱作新疆虎，是否即裡海虎（*P. t. virgata*，英名 Caspian tiger），一直受到爭議。根據英文版維基百科 Siberian tiger 條，東北虎分為東西兩支，西支毛色較淺，曾經由河西走廊迤邐分布至裡海、黑海。直至 1900 年代初，東西兩支仍未完全隔絕。根據 2009 年的報告，美國國家癌症研究所（NCI）的學者利用從博物館所搜集的二十隻裡海虎標本的組織樣本，分析其五個粒線體基因的序列，發現與東北虎只有一個遺傳密碼相異，但與其他亞種則差異顯著。說明已滅絕的裡海虎只是東北虎的一個變種，新疆虎應該也是如此。

不論西北虎是否是獨立亞種，但新疆的確曾經有過老虎確是事實，讓我們看看瑞典探

1899 年 11 月，瑞典探險家斯文赫定在新疆塔里木河沿岸所繪虎落陷阱素描。新疆虎現已滅絕。

險家斯文赫定的記述。

　　斯文赫定的《亞洲腹地旅行記》（李述禮譯，開明書局），我高中時就讀過好幾遍了，是影響我最深的書之一。1899 年夏，斯文赫定第四次前往亞洲腹地探險，他乘船從葉爾羌河進入塔里木河，11 月間，向一位獵人買了張虎皮，還記下當地人如何用陷阱捕虎：當老虎落入陷阱、踩到獸夾，一星期後已奄奄一息，獵人所要做的，不過是補上一槍而已。斯文赫定還畫下一張老虎落入陷阱的素描，背景是叢生的蘆葦，為塔里木河流域曾經產虎留下真實紀錄。

　　斯文赫定前往探險時，塔里木河及其支流沿岸，胡楊林和蘆葦沼澤綿延不絕，棲息著無數飛禽走獸。根據《中國虎與中國熊的歷史變遷》，新疆虎曾分布南北疆，不限於塔里木河流域。約一百年前，從喀什到阿克蘇，林中每隔一段距離，就有座用四根木樁架起的棚屋，供人天黑時過夜，以免虎害。

虎有很多象徵意義，常作為民間藝術的素材，圖為清末山東濰縣年畫〈當朝一品〉。

演化和分類

《本草綱目》的虎圖。據綱目，虎骨及肉、血等皆入藥。台灣自 1985 年起已禁止進口虎骨。

已知最早的虎狀貓科動物是中華古豹（*Panthera palaeosinensis*），生活於更新世早期，距今約二百萬年，體型較現今的虎小。最早的真虎化石，在中國、蘇門答臘、爪哇等地出土，生活於更新世早期到中期。中國大陸學者認為，中國可能是虎的發源地，華南虎可能是各亞種的共同祖先。到了更新世晚期，虎已從中心地區——中國和東南亞，分布至北亞和印度，北支曾分布至裡海、高加索和黑海一帶。

關於虎的亞種，說法不一，1968 年馬札克（Vladimir Mazák）認為有八個亞種，即華南虎、東北虎、裡海虎、孟加拉虎、印支虎、蘇門答臘虎（*P. t. sumatrae*，英名 Sumatran tiger）、爪哇虎（*P. t. sondaica*，英名 Javan tiger）和巴里島虎（*P. t. balica*，英名 Bali tiger），這個說法曾長期為學術界採信；其

中裡海虎、巴里島虎、爪哇虎已滅絕。2004 年，經由基因分析，將產於馬來西亞的印支虎析出，獨立為馬來虎（*Panthera tigris jacksoni*）。鑑於裡海虎已證實是東北虎的一個變種，是以亞種數仍為八個。

大辭典虎條

1980 年代，筆者曾主編過兩部大型工具書——《環華百科全書》和《百科大辭典》，兩部書的哺乳類詞條都是我執筆的。以下抄錄《百科大辭典》的虎條，作為本文的總結。

虎，動物名。屬食肉目、貓科，學名 *Panthera tigris*，有八個亞種。分布北亞、東亞、中亞、印度、及馬來亞、爪哇、蘇門答臘。體型及斑紋視亞種及產地而異。雄大於雌，雄虎肩高可達 1 公尺，體長可達 2.2 公尺（不含尾），體重約 160～230 公斤，最重可達

商周雕塑以虎為題材者甚多，除了文化意涵，也顯示當時虎多。圖為商代早期的陶虎。

290 公斤。草原、森林、沼澤皆可生息。平時獨居，有領域行為。善游泳。夜間狩獵。傷人者多為衰老虎或病虎。雌虎每胎生二～三隻，妊娠期平均一百一十三天。壽命約二十年。

（本文圖片由作者提供）

（2010 年 2 月號）

從狡兔三窟說起

◎—張之傑

為 科月寫作生肖文已連續四年。今年歲次辛卯，為了要不要寫篇辛卯談兔，內心曾掙扎良久，主要是近來眼睛乾澀，應該休息一下。但一旦停寫，明年的壬辰談龍就可能失去動力。將心一橫，寫了！

為報章雜誌寫作生肖文，只要懂點掌故，就可輕鬆下筆。科月是科普刊物，為科月寫作生肖文必須以動物學為主軸，但所談的動物學也不能太純粹，否則豈不味同嚼蠟。今年的辛卯談兔怎麼下筆呢？

從狡兔三窟說起

我想起成語「狡兔三窟」，典出《戰國策・齊策四・馮諼客孟嘗君》。馮諼口中的「狡兔」，指的是

草兔。（維基百科提供）

什麼兔？

　　對不諳動物學的人，或許覺得這個提問很無聊，筆者卻為之思量多時，理出一個前人所沒注意過的問題。進入本題之前，容我先介紹一下兔形目動物。

　　兔形目，的確是「兔子形」的動物，除了耳朵長、後腿長，都有不停生長的門齒，門齒和其他牙齒間都有寬闊的齒隙，因此曾被歸類囓齒目。但囓齒目的上下顎各有兩枚門齒，兔形目的上顎卻有四枚門齒，兩枚在前，兩枚在後，藉此可以輕易區分。此外，囓齒目大多雜食，兔形目一律草食，盲腸特別發達。兔形目還有一項特徵，就是雙重消化，吃下的食物在盲腸裏成膠囊狀、富含維生素的軟便，排出後再次吃下，經第二次消化，才成為球狀的硬便。

　　動物學家認為，兔形目和囓齒目之所以都有發達的門齒、都缺少犬齒，是趨同演化的結果。至於兔形目之所以生活方式相近，是因為受到大型草食動物的生態排擠，輻射適應受到限制所致。

　　兔形目不是個大目，只有兩科──兔科和鼠兔科。其中兔科有九屬，鼠兔科有一屬，總共不過六十幾種。除澳洲和紐西蘭，廣泛分布世界各地。筆者反覆思量，認為「狡兔三窟」的兔，是指鼠兔。為什麼會有這樣的推論呢？

像鼠又像兔的鼠兔

　　中國所產的兔科動物，只有一屬（*Lepus*，兔屬）、九種。兔屬，一般稱作野兔（英名 hare）。在兔科的九個屬中，只有兔屬不營穴，也就不挖洞。那麼中國產的兔形目動物誰才會挖洞？答案是鼠兔。

　　鼠兔又名鳴聲鼠、石兔，英名 pika 或 mouse hare。耳短而圓，尾部僅留痕跡。體長 10.5～28.5 公分，耳長 1.6～3.8 公分。後肢比前肢略長。棲息於草原、山地林緣和裸崖。白天活動，常發出尖叫聲，以短距離跳躍方式跑動。不冬眠，多數有儲備食物的習性。僅一屬（*Ochotona*），約二十三種，其中美洲二種，歐洲一種，其餘全部分布亞洲，青藏高原占十四種，是現生鼠兔的分布中心和演化中心。

鼠兔耳朵短而圓，沒有尾巴，外形似倉鼠。（左）阿爾卑斯鼠兔（*Ochotona alpina*），Gustav Mzel 繪；（右）美國鼠兔（*O. princeps*），攝於加拿大洛磯山脈。（維基百科提供）

鼠兔群棲、穴居，巢穴有三～五個出口，各出口間有複雜的通道相連。有些鳥類（如褐背擬地鴉和雪雀等）利用鼠兔的洞穴躲避炎陽或風雪，鼠兔則藉助鳥類鳴叫預知敵害。這一自然現象，古人誤為「鳥鼠同穴」。

中國的鼠兔現今主要分布青藏高原、新疆、內蒙等草原地帶。根據何炳棣名著《黃土與中國農業的起源》，史前時期從新疆到山東，除了若干山谷，主要是半草原生物相。《戰國策》應為先秦古書，當時鼠兔可能分布至黃河中下游，「狡兔三窟」可能是當時的俗諺。

《戰國策・馮諼客孟嘗君》記載，馮諼為孟嘗君爭取到食邑薛地的民心，又對孟嘗君說：「狡兔有三窟，僅得免其死耳。今君有一窟，未得高枕而臥也。請為君復鑿二窟。」著一「鑿」字，說明狡兔的「窟」是挖出來的，不是占用其他動物的洞穴。

鑑於中國沒發現穴居的兔科動物，也沒發現穴居的兔科動物化石，說明馮諼所說的「狡兔」，絕非兔科動物。兔形目只有兩科——兔科和鼠兔科，排除了兔科，剩下的當然是鼠兔科了。

狡兔死，走狗烹

成語「狡兔三窟」的兔，已判斷是鼠兔，那麼「兔死狗烹」的

兔又是什麼兔呢？

兔死狗烹，典出《吳越春秋‧勾踐伐吳外傳》。吳王夫差被殺前對文種說：「狡兔死，良犬烹，敵國滅，謀臣亡。」鼠兔體型小，加上穴居，獵取鼠兔，獵犬是派不上用場的，可見夫差所說的狡兔，不是指鼠兔。

《史記‧越王勾踐世家》，將「狡兔死，良犬烹」，改成「狡兔死，走狗烹」。走狗，指善跑的狗。《說文‧註》：「徐行曰步，疾行曰趨，疾趨曰走。」至遲至漢代，國人習慣使用細犬（格雷伊獵犬）在開展的地區狩獵。細犬以奔跑迅速著稱，要用細犬追逐的是哪種兔？答案是野兔，也就是兔屬（*Lepus*）成員。

中國的兔科動物有一屬（*Lepus*）、九種。其中草兔（*L. capensis*）分布長江以北及西南各省，經河西走廊分布至歐洲南部和非洲。高原兔（*L. oiostblus*）是青藏高原的優勢種。雪兔（*L. timidus*）分布亞寒帶針葉林。東北兔（*L. mandschuricus*）和東北黑兔（*L. pmelainus*）分布小興安嶺，但東北兔也分布長白山。華南兔（*L. sinensis*）主要分布華南和華中，臺灣兔為其亞種。塔里木兔（*L. yarkandensis*）是塔里木盆地的特有種。海南兔（*L. hainantis*）分布海南島。雲南兔（*L. comus*）分布雲貴部分地區。

中國九種野兔中，以草兔數量最多，分布最廣。在北方，目前

生物量仍達四‧八億隻，最高密度可達每平方公里二百四十隻。古時人煙稀少，草兔的數量當數倍乃至數十倍、百倍於此！

兔屬身長 40～70 公分（不含尾），毛皮上有斑紋，耳朵和後腿長，終生在地面活動，奔跑迅速，後鼻孔寬，奔跑時充分供氧。不掘洞，在草地上生產，幼兔一生下來就有毛，能看，能聽，出生不久就能奔跑。直到今天，關中地區秋後仍盛行「攆兔子」，也就是農閒時用細犬追捕野兔的活動，筆者曾撰文論述此事。以今擬古，成語兔死狗烹，當然是指兔屬成員。

兔起鶻落

我又想起一個成語：兔起鶻落，典出蘇軾〈文與可畫篔簹谷偃竹記〉：「振筆直遂，以追其所見，如兔起鶻落，少縱則逝。」

隨著無止境的開發，當半草原生物相轉變成耕地和城鎮、村落，大型草食動物（有蹄類）絕跡，兔子族群以其超高生殖率得以維繫。母野兔一年懷胎多次，每次生一～七隻。難怪《After Man：人類滅絕後支配地球的奇異動物》一書臆測，五千萬年後的溫帶森林、草原地帶，兔形目將經由輻射演化，取代有蹄類的生態區位。

當野外的有蹄類次第消失，兔子成為最重要的獵獸時，自然而然發展出一套以獵兔為主的打圍（狩獵）方式。平民百姓用獵犬追

逐，大戶人家還僱請鷹師馴練獵鷹，在空曠野地縱犬放鷹，為秋冬時分有閒有錢階級最熱衷的戶外活動。

在北方，用來獵兔的鷹，以鷹科的黃鷹（即蒼鷹，*Accipiter gentitis*，英名 northern goshawk）和隼科的兔鶻（即獵隼，*Falco cherrug*，英名 saker falcon）為主。黃鷹體型較大，單隻即可出獵。兔鶻（鶻，北方人讀作虎）體型較小，極少一擊斃命，通常反覆搏擊，等到兔子無處可逃，才縱犬追捕。東坡居士以兔起鶻落比喻文章的起伏跌宕，可見他熟諳兔鶻圍，說不定還是位玩家。

關於黃鷹圍和兔鶻圍，一位大陸玩家說得好：「過去說『窮黃鷹，富兔鶻』。黃鷹是老百姓單隻養著玩的。兔鶻養起來就費勁了，因為帶兔鶻出去打獵沒有只帶一隻的。不但鷹

（上）北宋・崔白〈雙喜圖〉，下方所繪野兔應為草兔。（下）杜勒〈小野兔〉（young hare），1502 年，應為歐洲野兔。（維基百科提供）

要好幾隻，狗也要好幾隻，人和馬自然也少不了，這就不是窮人玩兒的了。黃鷹是直接抓兔子，而兔鶻的作用是把兔子攏起來，再放細狗去抓。這樣打起獵來場面壯觀，非常好看。」

那麼黃鷹圍或兔鶻圍所獵的是什麼兔？當然是兔屬成員了。在北方，是草兔；在華中，是華南兔。華南較少平展的環境，加上秋後草木不凋，不適合鷹獵。臺灣兔是華南兔的一個亞種。筆者讀大學時，小碧潭附近的叢藪中就常有臺灣兔出沒；服兵役時，清泉崗機場的茂草中更多。現在呢，山區野地一定仍有不少，高生殖率是牠們維持種群的保障。

歐洲穴兔

筆者一再強調，中國的兔科動物只有兔屬一屬，那麼家兔呢？難道不屬於兔科？家兔當然屬於兔科，不過並非中國原產。

兔科的九個屬中，以兔屬種類最多，分布最廣，其中北極兔（*L. arcticus*）可至北極圈，但主要分布在亞洲和非洲。種類次多的是美洲的棉尾兔（*Sylvilagus*），最為人熟知的是穴兔屬（*Oryctolagus*），僅一種，即原產伊比利半島、法國一帶的歐洲穴兔（*O. cuniculus*），家兔就是由歐洲穴兔馴化而成的。在兔科成員中，被馴化的只此一種。

在英文中，兔屬稱為 hare，兔科其他屬大多稱為 rabbit。中文並未析成兩個字，也沒有適當的譯名。要說 rabbit 是「穴兔」吧，兔科成員除了兔屬，哪一屬不是營穴的？要說 hare 是「野兔」吧，除了馴化的歐洲野兔，又有哪一屬不是野生的？本文將 hare 稱為野兔，將 rabbit 專指歐洲穴兔，只是從俗或從權。

時至今日，歐洲穴兔（下稱穴兔）仍有野生種，已被西、葡兩國列為保護動物。野生穴兔體呈棕灰色，體型較兔屬小，耳朵也較兔屬短，奔行速度也不如兔屬。群居，黎明、黃昏活動，以草和嫩枝為食。在洞穴中生產，出生時沒有毛髮，眼睛也沒睜開，十～十一日齡睜眼，約四～五週齡斷奶。生殖率較野兔更高，妊娠期約三十天，每胎生四～十二隻。經常發情，交配頻率高，一年至少有九個月可以生殖，理論上一隻雌穴兔一年可生八百隻後代！

穴兔穴居，生殖率高，較野兔的適應力更強。一些沒有穴兔的地方，一旦引進穴兔就可能大肆繁衍。澳洲

馬克吐溫《頑童歷險記》插圖，1884 年刊本，所繪應為棉尾兔。（維基百科提供）

澳洲防兔圍籬,攝於 1927 年。(維基百科提供)

原無兔形目動物,1859年,奧斯丁(Thomas Austin)將二十四隻歐洲穴兔引入維多利亞省,由於沒有天敵,加上氣候溫和,族群為之暴增,生態區位相似的有袋類物種受到排擠,兔耳袋狸因而瀕危。

1901~1907 年,澳洲政府修建三道防兔圍籬(鐵絲網),綿亙 3253 公里!但穴兔善跳能掘,圍籬的作用有限。1950 年代引進兔黏液腫病毒,兔患始稍獲緩解,但現今澳洲穴兔大多已具有免疫力。澳洲也使用兔出血病病毒對抗兔患,這些生物防治方法都相當安全有效。

家兔的品種

根據考證,歐洲穴兔馴化始自古羅馬時代,到了中世紀才育出較多品種。2007~2009 年,大陸林業局在全國二十八個省市自治區設立了五十六個採集點,採得野兔標本二千八百五十七隻,均屬於兔屬,並沒發現野生穴兔,可見野生穴兔從未引進中國。至於家兔,漢·樂府〈古艷歌〉:「煢煢白兔,東走西顧;衣不如新,人

不如故。」詩意似指雪兔，但中原無雪兔，也不無可能是指家兔白子。明‧陶成繪〈蟾宮月兔〉，所繪白兔有雙紅眼睛，可確定為家兔白子。陶成活動於成化年間，時當地理大發現初期。

各品種家兔，Die Gartenlaube 一書插圖，1874 年刊本。（圖片來源：維基百科）

　　根據美國家兔育種協會，家兔約有四十個品種，如果加上品系，將多得難以估計。安哥拉兔，原產小亞細亞，是重要的毛用種。雷克斯兔，毛皮緻密，酷似珍貴毛皮水獺，有多種毛色，是重要的毛皮用種。銀狐兔、銀貂兔，毛皮似銀狐、銀貂，也是毛皮用良種。兔皮的皮板較薄，但輕柔溫暖，除了皮帽、毛領或披肩，也可製裘，一般以女短大衣為主。

　　肉用兔依據體重分為大中小三類，一般白兔大小、體重2公斤左右的為小型兔。加州兔體重 4～4.5 公斤，是中型肉用兔的代表。紐

西蘭兔體重9～12公斤，是大型肉用兔的代表。1978年，省政府協助民間養兔，引進的品種就是毛皮用兔雷克斯兔，和肉用兔紐西蘭兔。兔肉所含脂肪極少，味道甚佳，三杯兔堪稱佳餚。中國大陸是養兔大國，兔毛出口占國際市場的 90%，冷凍兔肉占國際市場的60～70%。

至於寵物兔，任何品種都有人飼養，連巨大的紐西蘭兔都不例外。現今寵物店較常販售的有獅子兔、垂耳兔、迷你垂耳兔、澤西毛兔、安哥拉兔、侏儒兔、喜瑪拉雅兔、迷你雷克斯兔、金吉拉兔等十餘品種。當然，尋常白兔堪稱廣用途品種，除了肉用、皮毛用和實驗用，也有不少人養作寵物。

紅眼睛的白兔，通常是家兔的白子，這是一種遺傳缺陷，各品種的家兔都可能產生。白子缺少酪胺酸，不能將酪胺酸代謝成黑色素，所以皮膚、毛髮是白的，連眼睛的虹膜都因缺少黑色素而透露出微血管的血色，這是白子都有雙紅眼睛的原因。

家兔原本活潑好動，但白子畏光，活動力低，這些病態特性，對人類來說反而成為莫大「優點」。試問，除了家兔，還有哪種家畜以白子為常態呢？

（本文圖片由作者提供）

（2010 年 2 月號）

中國龍物語

◎──張之傑

民國一〇一（2012）年歲次壬辰，生肖屬龍。在十二生肖中，只有龍是想像中的動物。從 2007 年（丁亥）起，筆者每年為科月寫一篇生肖文。談生肖，其實是談牠們的動物學。筆者出身師大生物系、動物組，雖然離開本行已久，談起動物自信還能應付。談龍呢，牠不是實有的動物，要「科學」的談牠，就費勁得多了。

甲骨文的龍字

龍既然是想像中的動物，先民是怎麼創造出來的呢？《伊索寓言》有一則〈美麗的烏鴉〉，或可提供答案。話說有一天神要選鳥王，眾鳥都刻意打扮自己，烏鴉知道自己長得醜，打扮也沒用，就向眾鳥各要了一根羽毛，黏貼在自己身上，把自己裝點成一隻最漂亮的鳥……。

龍不就是這樣嗎？鳳也是如此。所有的想像動物，大概都像寓

甲骨文字典釋龍字。(《甲骨文字典》，四川辭書出版社，1988 年)

【解字】象龍形。其字多異形，以作𦥑者為最典型：從辛從𠬶，𦥑象巨口長身之形，乚其吻，乀其身。蓋龍為先民想象中之神物。甲骨文龍字乃綜合數種動物之形，並加想象增飾而成。金文作龖，與甲骨文龍字略同。《說文》：「龍，鱗蟲之長，能幽能明，能細能巨，能短能長，春分而登天，秋分而潛淵。从肉，飛之形，童省聲。」許慎所釋乃附會古代神話傳說而成，不足據。

【釋義】一神祇名。

言中的烏鴉般，集合眾多動物元素而成。然而，在寓言中，當眾鳥知道真相後，就憤怒地啄去黏貼的羽毛，讓烏鴉現了原形。那麼如果龍去除添加的部分，牠的原形又是什麼？

龍是不同時空迭經增補、修飾而成，原形已杳不可知。遠在殷商時期，甲骨文中的龍字就不代表一種實有動物。根據「夏商周斷代工程」，盤庚遷殷約在西元前 1300 年，武王伐紂定在西元前 1046 年；殷墟出土的甲骨文，就是盤庚遷殷至武王伐紂、前後兩百多年之物。

在甲骨文中，凡是獨體象形字，如虎、象、牛、羊、犬、豕、雞、鷹、蛇等等，莫不有其字必有其物。龍字則不然。甲骨文中的龍字，象巨口、長身曲體，頭上有冠飾。巨口，可能取象自鱷；長身曲體，可能取象自蛇；那麼頭上有冠飾呢？試問爬蟲類中的蛇類、鱷類以及中土所產蜥蜴類，又有哪種頭上有冠飾？

可見龍字和虎、象、牛、羊、犬、豕、雞、鷹、蛇等象形字不同，龍字固然是個象形字，所象卻為人造之物，而非自然之物。甲骨文的動物象形字，通常只強調其最具特徵的部位，如牛字和羊字，就只強調其角形，而省略其他部位。龍字只強調巨口、長身曲體、頭上有冠飾，這些特徵正是先民關於龍的集體印象。《甲骨文字典》說得好：「蓋龍為先民想像中之神物，甲骨文龍字乃綜合數種動物之形，並以想象增飾而成。」可見殷商時期，龍已是種想像的動物了。

仰韶文化的貝龍

殷商距今已三千多年，那麼再往上推呢？如果能找到更早、更原始的造型——越原始越好，距離真相豈不就不遠了。已知最早、最清晰的龍的造型，是 1987 年河南濮陽西水坡仰韶文化遺址墓葬出土的貝砌龍形圖案，經碳

仰韶文化遺址墓葬貝砌龍（上）、虎圖案。（取自《中華文明史》第一卷，河北教育出版社，1989 年）

14 定年，距今約 6460±135 年。因時代久遠，且保存完好，故有「中華第一龍」之稱。

　　這組墓葬的墓主為一壯年男子，仰身，四肢伸直，骨骸保存完整。墓主兩側擺放著用貝殼推砌而成的龍、虎各一。龍長 1.78 公尺，虎長 1.39 公尺。墓主頭部朝南，其左（東）為龍，其右（西）為虎，應合「坐北朝南」以及「左青龍，右白虎」的風水方位理念。

　　本文沒篇幅談論風水，且言歸正傳：這「中華第一龍」的造型，到底取象什麼動物？牠巨首張口，略似鱷魚，但頭頂有角；牠身長蜒曲，略似蛇類，但有四肢；牠四肢將身體撐起、尾巴從臀部發出後陡然變細，不似蜥蜴類。換句話說，沒有任何動物可與之對應，可見這在五、六千年前的仰韶文化，龍已是種想像的動物。

是滅絕的動物？

　　讀者或許會問：「當今誠然沒有一種動物和貝砌龍形圖案相吻合，焉知六千多年前沒有一種爬蟲類長像如此？」相信不諳生物學的讀者大多有此疑問。動物種類雖多，但皆可分門別類。以爬蟲類（綱）來說，現生者分為四目：喙頭目、龜鱉目、蛇蜥目和鱷目。如果真有貝砌龍形圖案般的動物，試問：要歸入哪一目？讀者或許

抗辯：「我們說的是六千多年前啊！」以演化生物學來看，六千年不過一瞬，即使有許多生物滅絕，也不致滅絕到「目」的層級。

　　仰韶文化分佈黃河中游，以渭水流域為中心，時代約在西元前5000年至西元前3000年前。竺可楨等根據植物孢粉化石、考古及古生物學發現、文字記載等多項指標，得出歷代年平均溫變化情形。仰韶文化至西漢末年，黃河流域大多屬於溫暖氣候時期，年平均溫較現今高出約2℃，一月平均溫度較現今高出約3～5℃。當時黃河中下游河道縱橫，低窪地區形成大澤（沼澤森林），動物相與現今長江流域類似。

　　考古學家曾在西安半坡仰韶文化遺址出土大量竹鼠遺骸，以碳14定年，判定為五千年前之物。如今竹鼠只生長在長江以南及華南溫濕地區的森林中。殷墟哺乳動物遺存中就有竹鼠，此外尚有貘、象、犀、麋鹿等熱帶或亞熱帶動物。商、周青銅器也有象、犀等肖生器物。如果能夠穿越時空，回到六千多年前黃河中游的大澤，您會看到貘、象、犀和麋鹿，也會看到眾多的鱷魚、蛇和蜥蜴，但您絕對不會看到全然不識的奇異動物。

是恐龍的後裔？

　　談到這裡，有些讀者或許仍會質疑：「龍，難道就沒有可能是

恐龍的後裔？」回答這個問題，要從爬蟲類的演化說起。

　　爬蟲類的演化分為四條主支，最早形成的一支無弓亞綱，後來演化成海龜和陸龜。第二支合弓亞綱，包括哺乳類狀爬蟲類，是哺乳類的祖先。第三支闊弓亞綱，包括各種海洋爬蟲類，在中生代末期全數滅絕。第四支倍弓亞綱，分成兩支，一支演化成蜥蜴和蛇，另一支稱為槽齒類，演化成四類，其分化略如下述。

　　大約二‧三五億年前，亦即三疊紀中期，鱷類自成一支，其身體構造至今沒什麼改變。大約二‧二億年前（三疊紀末期），演化出有翅的翼龍。一千二百萬年後，亦即侏羅紀初期，恐龍的兩大支系──鳥臀龍和蜥臀龍已經出現。

　　恐龍掌控地球達一‧四億餘年，當時其他爬蟲類、鳥類和哺乳類雖已存在，但為數不多。到了六千五百萬年前（白堊紀末），一顆直徑約十公里的天體撞擊地球，包括恐龍在內的所有大

龍是恐龍的後裔嗎？圖為安大略博物館之異特龍與劍龍。
（維基百科提供）

形陸生動物，以及所有的海洋爬蟲類全部滅絕，中生代為之畫下句點。

　　如果仰韶文化時期恐龍尚有孑遺，白堊紀以降（第三紀至今）的地層中怎會從來就沒發現過恐龍的化石？不但中國沒發現過，全世界也沒發現過。恐龍在大滅絕中悉數滅絕已毋庸置疑，所以龍絕對不是恐龍的後裔。不過，龍是否是先民看到恐龍化石所產生的聯想，則又另當別論，師大地理系徐勝一教授曾向筆者提過這種想法。

是龍捲風？

　　徐勝一教授輯有《歷代氣候編年檔》，已在「中國科技史學會」網站公佈，從中可以看出，古人稱龍捲風為龍，如同時出現兩個或兩個以上的龍捲風，則稱為「龍鬥」。所謂「見龍在田」、「龍戰於野」，可能都指得龍捲風。

　　以關鍵詞查找，編年檔的第一則龍鬥載《左傳》：「昭公十九年，龍鬥於鄭時門之外洧淵。」其後有關龍鬥的記載多不勝數，如《隋書》：「南朝梁武帝普通五年六月，龍鬥于曲阿王陂，因西行，至建陵城，所經之處，樹木皆折開數十丈。……至太清元年，黎州水中又有龍鬥。波浪涌起，雲霧四合，而見白龍南走，黑龍隨之。」又如《江南省志》：「宋孝宗淳熙十年，大風有二龍鬥於瀦

湖，殿宇浮屠為之飛動。頃一龍蟠護其上，遠近皆見之。」最後一則載《清史》：「同治十年三月二十二日，湖州有龍鬥，狂風驟雨，拔木覆舟。」

編年檔中有關「黃龍」的記載更多，徐教授認為，即乾燥地區的「黃龍捲」。至於黑龍、青龍、白龍，徐教授認為，可能因為光線照射方向不同所致。照到光的龍捲風看起來呈白色，故稱白龍；沒照到光的龍捲風呈黑色或青色，故稱黑龍或青龍。

那麼龍豈不可以和龍捲風畫上等號？當然不能。龍捲風的漏斗雲只有「龍尾」，光憑尾巴是想像不出整隻龍的造型的，不是嗎？

它可能是種圖騰

根據以上論述，龍確定是種想像中動物，且早在五、六千年前就存在了。那麼，先民為什麼要創造「龍」這種想像的動物？是什麼時候創造的？這就要從圖騰崇拜說起。

圖騰（totem）一辭，源自北美印地安人奧基布瓦族（Ojibwe）語ototeman，意為「他的親族」或「他的氏族」，相當於是整個部族的標誌。學者發現，圖騰崇拜是世界性的，並不限於北美印地安人。

在先民的原始信仰中，認為其氏族源自某種動物（偶而是植物），也就是與某種動物具有親緣關係，於是圖騰崇拜便與祖先崇

拜相聯繫。在一般情形下，不可捕殺氏族的圖騰。同一圖騰崇拜的男女，通常不相婚配。

華夏文明發展早期，不可能不經歷圖騰林立的階段。其後隨著遷徙、征服、融合，逐漸涵化成少數幾種。從古文獻推敲，史前有不少東方部族以鳥類為圖騰，經過涵化，就成為「鳳」。史前有不少中原部族以鱗蟲類為圖

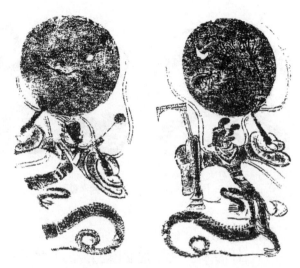

四川大邑出土畫像石〈伏羲與女媧〉，伏羲已殘缺。下半身皆作蜥形。（取自《中國漢畫圖典》，浙江攝影出版社，1997年）

騰，經過涵化，就成為「龍」。《大戴禮記・曾子天圓》：「介蟲之精者曰龜，鱗蟲之精者曰龍。」鱗蟲，是古人的分類觀念，泛指有鱗的動物，蛇、蜥蜴和鱷都屬於鱗蟲。

龍圖騰的涵化大致經歷三個階段。第一階段直接以某種鱗蟲類為圖騰，第二階段建構起半人半動物的圖騰，第三階段將圖騰綜合化、藝術化。然而，三個階段並非截然劃分，而有並存的現象。舉例來說，漢畫中已有藝術化甚高的龍，也有半人半動物的神人（通

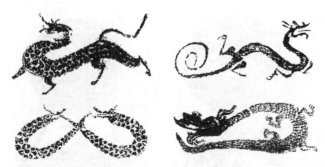

常為伏羲與女媧），有些呈人首蛇身（無後肢），有些具有後肢，下半身似鱷或蜥蜴。這樣看來，《山海經》等古文獻裡的「蛇」，解作鱗蟲類或許更為適切。

漢畫中的龍，可大別為獸形（左上）、蜥形（右上）、蛇形（左下）、鱷形（右下）等4類。（輯自《中國漢畫圖典》，浙江攝影出版社，1997年）

《山海經・大荒西經》：「女媧，古神女而帝后，人面蛇身。」《藝文類聚》卷十一引《帝王世紀》：「太昊帝庖犧氏，風姓也，蛇身人首。」聞一多撰有論文〈伏羲考〉，認為伏羲氏是以蛇為圖騰的部族，龍是「蛇圖騰兼併與同化了許多弱小單位的結果」。從仰韶文化的貝砌龍形圖案來看，早在五、六千年前，就已完成「兼併與同化」。這種綜合體不再稱為蛇、鱷或蜥蜴，而稱為龍。它不再是單純的圖騰，而是至尊至高的神物。

《史記・天官書》：「軒轅，黃龍體。」《注》：「人首蛇身，尾交首上，黃龍體。」說明黃帝氏族的圖騰即蛇、即龍。此後，夏、商、周三代都繼承伏羲、女媧、黃帝為代表的龍圖騰，龍遂成為權力的象徵。

形態的藝術化

　　先秦的龍形紋飾，主要見於青銅器，如商晚期的「透雕龍紋鉞」、西周早期的「獸面龍紋大鼎」等，不論半具象或變形，莫不巨首張口、頭上有角，有時尚有鱗片。戰國時發展出鑲嵌工藝，在青銅上鑲嵌紅銅或銀、金紋飾，戰國早期的「鑲嵌龍紋扁壺」，龍紋已較前複雜。比對商、西周、春秋、戰國青銅器的龍形紋飾，似乎有朝向複雜化演變的趨勢。

　　到了漢代，龍形文飾主要見於漢畫（從畫像磚、石拓印的圖繪）。漢畫中的龍，數量龐大，造型多樣，除了巨首張口，頭部的裝飾明顯增多，有些已和後世的造型接近，但鬚和鰭罕見，眼睛也未見明顯突出。不過和先秦的樸素造型相比，已複雜得多了。

　　據筆者觀察，漢代龍的體形，可大別為獸形、蜥形、蛇形、鱷形等四類。大致而言，作獸形者通常較短，四肢將身體撐起。作蜥形者通常較長，四肢側出作匍匐狀。作蛇形者無足，但頭部仍

商晚期〈透雕龍紋鉞〉。因配合器型，龍形紋飾作圓形。（取自《中國青銅器全集》第 4 冊，1998 年）

南宋‧陳容〈九龍圖卷〉（局部），大約從唐代起，龍的造型已基本固定。（波士頓藝術博物館藏，維基百科提供）

為龍形。作鱷形者較為寬扁，鱗甲明顯，四肢側出如蜥形。在這四大類中，以前兩者為大宗。有些有裝飾性的翼，幾乎都長在獸形者身上，即古文獻所說的應龍。

　　龍的造型一再加工，藝術化越來越高，添加的元素越來越多。到了唐代，大致已經定形。唐、宋以降，龍具有蝦眼、鹿角、牛嘴、狗鼻、鯰鬚、獅鬃、蛇尾、魚鱗、鷹爪等特徵，也就是我們在圖繪中所看到的造型。過度藝術化的造型，看起來威風凜凜，其實中看不中用。爬蟲類學家、臺師大生科系杜銘章教授在「中華科技

史學會」演講時指出，龍的造型不適於水陸生活。

　　第一，魚類有水的浮力承托，沒有「站立」問題；脊椎動物上陸，腰帶、肩帶與脊椎連結緊密，始能撐起身體，因而體形不能過長，否則腹部將垂到地面。第二，因肩帶與頭部分離而產生頸部；鯨豚的祖先由陸地返回海洋，頸部退化消失，因知頸部會增加阻力，不利於水中生活。第三，為減少阻力，魚類及海洋哺乳類多呈流線形，海洋哺乳類則毛髮退化或變短，總之，以身體光滑平順為宜。以這些背景知識作參照，既不能適應陸地生活，也不能適應水中生活，顯然是子虛之物。

行為的起源

　　既然龍是種想像的動物，那麼牠的行為當然也出於想像。《說文》：「龍，鱗蟲之長，能幽能明，能細能巨，能短能長，春分而登天，秋分而潛淵。」這應該是當時的傳說。先民認為，龍如同一般鱗蟲，也有冬眠行為。入秋以後不再打雷，是因為龍潛入深淵冬眠。打雷之前必有閃電，於是就把電走金蛇，想像成乍隱乍現的龍。有人甚至說，龍字之發音，即打雷的隆隆聲。《山海經‧海內東經》：「雷澤中有雷神，龍身人頭。」可見遠在上古，雷已和龍畫上等號。

▲印度教神殿常有那伽雕像。圖為吳哥窟巴戎原山門
之護法石獅與九頭那伽。（作者攝）

◀印度教神殿常有那伽雕像。（維基百科提供）

　　魏晉時佛經大量譯成中文，印度的蛇神那伽（naga）被譯為龍，那
伽王就順理成章地譯為龍王，其居處就譯為龍宮，其女兒就譯為龍女。
印度人認為，龍宮位於水域深處，藏有大量珍寶，據說《華嚴經》就是
龍樹菩薩從龍宮中取得的。

　　從印度傳入的龍王、龍宮、龍女等概念，豐富了中國龍的內
涵，於是龍從神物，升格為神祇，掌管興雲布雨。《西遊記》第九
回的涇河龍王，就因擅改降雨時辰及雨量，遭天庭處斬。

　　印度的那伽能夠興雲布雨，帶來豐收，但如遭人褻瀆，也會帶

來洪水和乾旱。佛教傳入後，龍王成為河神，各地容易發生水患的地方，建起龍王廟。根據西門豹治鄴的故事，說明從前的河神是河伯。

古木老樹如遭雷殛，藏在樹洞裡的動物同時會被打死，人們想像：這些古樹或動物可能都是精怪，於是龍又有誅除山精木怪的任務。當然，惡人也是誅除對象。龍還能做很多事，為免蕪蔓，就不絮叨了。

結　語

孔子問禮於老子，離去時對弟子們說：「鳥，吾知其能飛；魚，吾知其能游；獸，吾知其能走。走者可以為罔，游者可以為綸，飛者可以為矰。至於龍，吾不能知其乘風雲而上天。吾今見老子，其猶龍邪！」（《史記・老子韓非列傳》）

龍不是實有的動物，又有誰能知究竟？讓我們以孔子的話作結吧。（2011 年 12 月 31 日於新店蝸）

（本文圖片由作者提供）

（2012 年 2 月號）

龍之初

◎─杜銘章

臺師大生命科學系教授

　　西元 2000 年是龍年，我在聯合副刊寫了一篇龍的由來，這篇文章在 2008 年又經科學月刊刊登一次，今年又逢龍年，張之傑老師要將科月的十二生肖相關文章集結成書，吩咐我增補此文以便錄用，因此增加約一倍篇幅以饗讀者。

　　說到龍的傳人，華人莫不點頭承認自己就是龍的傳人，但進一步問龍是什麼動物時，絕大多數的人卻只能搖頭。我在國外求學期間曾在一次學術研討會的會場內，閱讀了一本廠商販售的小冊子，這本小冊子的作者是一位法國學者 A.A.Fauvel，他的原著在 1992 年經美國兩棲爬蟲動物學會（SSAR）再印成冊，小冊子的名稱和龍一點關係都沒有，卻把龍的由來談得頭頭是道，心中多年的疑問頓時豁然開朗。

　　回國後，龍的由來成為我上課（脊椎動物學）的必談課題，我最後總會告訴學生：知道龍的由來固然很興奮，但也有點感傷，感

傷為何龍的傳人不知龍為何物？反而是外國人考證後才有答案。說不定華人也有考證過龍的由來，有人願意去找看看嗎？

　　我的第一位研究生蔡添順終於接下了這個工作，他從台大圖書館找到一本厚厚的書《龍：神話與真相》，作者是何新，於 1987 年由上海人民出版社出版，這本書的考證工作更為詳盡，然而結論和那小冊子是一樣的。

　　去年我受邀至京都大學，一次在和 Hikida 教授吃飯聊天時談到龍，他在聽完我的論點後，很高興的告訴我說他的一位朋友花了很長的時間研究中國的龍，結論和我說的一樣，不久他便將那本書寄送給我，可惜我看不懂日文無法知道其詳細的內容，然而龍是由同一種動物圖騰化而來的觀點，已在我心中屹立不搖。接下來我將先從自己的專業「生態適應」的角度，談龍不可能是真實的動物，如果是，牠會是一個超級不適應的動物，然後我再綜合前兩位學者的論點，說明龍到底是從什麼動物圖騰化而來。

龍其實超極不適應

　　龍，這個兼具尊貴、莊嚴及絢麗的動物，是中華民族共有的圖騰，牠既是華人的標誌和象徵，也是帝王和皇權的代表，但從生物學的觀點來看，牠不但一點都不完美，而且適應不良，因為牠的四

肢太短根本無法在陸地撐起細長的身體，如果牠硬要在路上用四肢行走，四肢之間的身軀必然在地上拖磨，這樣拖著走不但非常費力而且慢，還有肚皮必然很快就磨破發炎，即使沒有被其他的掠食者捕殺，自己也容易感染細菌而亡。或許牠可以像蛇一樣全身貼地蜿蜒爬行，這樣受力的面積變大，每單位面積的受力變小，肚皮就可保住，但是像蛇一樣蜿蜒爬行的話，那四隻腳又顯得太粗壯，因為若要用身體蜿蜒爬行，四肢腳必然要退化，才不會妨礙爬行，若不退化，那四肢腳會在蜿蜒爬行中甩來甩去，接下來會發生何事可想而知。這樣的身體構造只有在水裡才稍有可能存活，因為水可拖住全身的重量，所以長的身體配上短的四肢還不至於有太大的問題。

古書（說文）也曾有如下的記載：龍，鱗蟲之長，能幽能明，能細能巨，能短能長，春分而登天，秋分而潛淵，因此牠的生活環境不是在天上，就是在水裡，但如果牠生活在水裡，那大鼻子又不該長在正前方，尤其兩個鼻孔又不小，即使裡面長了瓣膜，游起泳來要阻隔水灌入呼吸道也會特別費力，而頭上那一大叢的鬃毛，雖然可像雄獅子的鬃毛一樣增加威儀，但在水中卻發揮不了作用，反而會增加很大的阻力，讓牠既難以快速前進，又浪費寶貴的能量。看看那些長有毛髮的哺乳類再回到水中生活的變化就知道毛髮在水裏是個阻礙，愈是適應水裏生活的哺乳類毛髮愈短，終至幾乎完全

消失，四肢腳還未特化的水獺或河狸毛髮都還很明顯，四肢腳已特化成鰭狀但仍能上岸的海獅或海豹只剩很短的毛髮，四肢腳已特化成鰭狀且已無法上岸活動的海豚或鯨魚，毛髮已幾乎完全消失。同樣的，頭上那一對麒麟角在水裡也會破

愈是適應水裏生活的哺乳類毛髮愈短，海豹身上還有短短的毛髮，海豚已經看不到毛髮。

壞流線型的狀態，真要用來像鹿角那樣頂撞時，在水裡又發揮不了作用。至於春分登天或傳說中牠能騰雲駕霧，應是無稽之談，雖然山海經中的應龍是長有翅膀的龍，但一般的龍是沒有飛翔構造的，別說升天，要上陸都很難了！

龍可能從哪些動物而來？

龍不可能是真實的動物，應該不會有太多人反對，但牠很可能是從既有的動物中再加以渲染而成，而非憑空捏造，至於牠是從何種動物演變而來，則有不同的說法。蛇是一個常被提及與龍有關的動物，民間更常以小龍稱呼蛇，但牠們的形態有太多不同之處，除了長長的身軀和鱗片之外其他都無相似之處，而且先秦典籍就已將

牠們分得很清楚，實在難以採信龍是由蛇演變而來的看法。龍和恐龍的聯想也常存在，可能因名稱和孔武有力而有此連結，但恐龍早在人類出現以前就做骨多年，我們的祖先絕對沒看過活的恐龍，至於從恐龍的骨頭化石而來，則需要有充足的想像力，而且主要的問題仍在證據不足，說服力不夠。龍還有可能從豬而來，龍和豬除了鼻頭相似其他無一相似之處，願意相信龍是由豬演變而來的人應該寥寥無幾。

龍和鱷魚相似之處頗多

　　龍和鱷魚有不少相同之處，例如延長的嘴巴和上下兩排利齒，上凸的眼睛，明顯的鱗片，四隻短短的腳，腳上的利爪和延長的尾巴以及尾巴上的三角形盾板等。龍除了尾巴之外，背部也有三角型的盾板，古人畫的一張鱷魚側面圖中，背部和尾部的三角形盾板也是連在一齊。鱷魚尾部後

鱷魚和龍有許多相似之處。

段只有一列三角形盾板，前段的三角形盾板其實是左右各一列，而到了身體的部位，這些盾板則明顯的變小且增加為好幾列，如果從側面觀察，確有可能從背部到尾端只呈現一列三角形盾板。另外龍的圖像，一開始身體並不長，漢朝以後龍的身體才開始變長，並逐漸在明朝定型為現今的模樣。此外龍是一個象形字，從其文字的演變中，可以看到牠一直有巨口和獠牙的特徵，雖然四隻腳在許多古龍字中並不一定有，但甲骨文中的龍字卻明顯的有短腳、巨嘴和尾巴，很像一隻張大嘴巴的鱷魚，古龍字頭上多有一個「▽」記號，學者認為這個記號是辛字的意思，辛置於龍頭上代表刑殺，在巫術上是一個鎮伏的記號，古文字中除了龍以外，野豬和老虎等猛獸的頭上也有辛字，顯示古人很畏懼龍，因此在其頭上標記辛，以期能降服牠，在商周的青銅器圖文上也可以看到一些龍吃人的飾紋。

鱷魚可能和先民同在並成為部族的圖騰嗎？

古人習慣以周遭的生物、無生物或自然現象做為氏族的代表，並進而用其圖像做為部族的圖騰，而凶猛令人敬畏的動物常是被崇拜的對象，例如百步蛇是台灣排灣族的圖騰，而突厥的圖騰是狼，相傳黃帝和楚人的圖騰是熊，因此鱷魚自然有可能成為某一部族的圖騰代表。根據古氣象學的研究，商周以前中國的中原地區氣候相

當濕熱，甲骨文記載殷墟的周圍曾有森林草原且雨量非常豐富，而中原新石器文化區域所挖掘出土的物品中，動物的獸骨常包含水牛、野豬、犀牛和鱷魚等，屬於熱帶和亞熱帶型的種類，中國古地層中鱷類的化石也非常豐富，已發現的古鱷類化石就有 17 屬之多，所以鱷魚早期在中原地區應相當豐富，後來因為氣候的改變及人類改變自然環境的能力和作為增加，鱷魚才漸漸從中原地區消失。左傳中有記載，魯昭公 29 年（公元前 513 年）的秋天，龍曾出現在晉國絳都，也就是現在山西侯馬的近郊，人們感到驚奇又恐慌，有人想捕捉牠，但又害怕，於是身為貴族的魏獻子，便請教博學多聞的太史官蔡墨，蔡墨告知從舜至夏代，都有養龍、馴龍和吃龍的事，並列舉古代馴龍者的氏族和後代，只是後來大地上的水澤少了，龍才成為稀奇之物。詩經是中國從西周到春秋中葉即公元前1100到500年左右的一部詩歌總集，裡面有許多當時動植物的名稱，其中一段曾提到鼉鼓逢逢，鼉鼓就是由鱷魚皮做成的大鼓，可見我們的祖先應曾和鱷魚共同生活過。

結語

當鱷魚逐漸消失後，一些不真實的傳說開始蔓延，即至帝王選擇牠們為權利的象徵後，神祕的色彩和形象便更為加劇。因此龍的

傳人其實就是鱷魚的子民，鱷魚雖不像龍那麼華麗崇高，但當鱷魚的子民其實一點也不丟臉，早在恐龍時期鱷魚便已存在地球，當環境劇變時那些恐龍陸續滅亡，鱷魚卻仍存活至今，從恐龍的化石我們需花很大的力氣才能推測牠們的形態、行為和生理。至於鱷魚，我們無需推測，牠很清楚明白的呈現「我就是這樣」，有這麼孤傲不倒的祖先圖騰，我們大可抬頭挺胸向前走，不是嗎？

（本文圖片由作者提供）

說蛇話往

◎—張之傑

有位讀者來信說，夏天到了，要筆者談談臺灣的蛇。我小時候，臺灣的自然環境還沒破壞，經常遇到蛇；後來讀了生物系，對蛇類有些了解。不論是「經歷」還是「學歷」，我是有資格談蛇的。

1950 年代，我們家住在臺北市松山區的郊區，那時松山區除了現在的舊街，全是稻田。我們租屋的那個村子，離基隆路大約兩百公尺，有一條可容一輛牛車通過的小路通到基隆路。從村子裡出來，下了一個崖頭，就是一條小河。過了小河，土路的右側是一片墓地。穿過墓地，有幾個大池塘，村民們稱它炸彈窟，據說是盟軍的飛機炸出來的。

那時我們最喜歡抓魚玩，抓的方法是用簸箕撈，或用木塊板把小溝渠堵住，舀乾水，裡頭的魚就手到擒來。有時是一個人用簸箕截住，一個人從另一頭趕過來，到時候把簸箕一收，魚就撈起來

了。有次我把著簸箕，一個玩伴從另一端趕過來，離我還有好幾步，簸箕裡的水就翻騰起來。

「有大魚！有大魚！」一撈，原來簸箕裡有條大水蛇！那時我們抓魚時常被水蛇咬到，遇到這種情況，就趕快找一個一毛錢銅板在傷口上擦，孩子們都說銅可以解毒，其實是水蛇無毒，銅板哪能解什麼毒！

孩子們遇到了蛇，誰也不願被人說成膽子小，爭著表現膽量，只要抓住蛇的尾巴，提起來抖上十幾下，蛇就癱軟了，然後用腳把蛇頭踩扁，再從書包裡取出鉛筆刀，在頸部環切一圈，然後像脫襪子似地，把蛇皮剝下來。有一次我們打死一條大蛇，剛要剝皮，一名軍人看到了，向我們要去，圈成一圈，用根草繩綁起來，提回去加菜去了。

那時蛇真多，一出門就可能看到蛇。最常見的是水蛇和草花蛇。經過田埂的時候，常看到蛇吞青蛙。蛇含住青蛙的一條後腿，慢慢往肚子裡吞。青蛙一點兒反抗的餘地都沒有，只有喀—喀—喀地哀鳴。

因為蛇多，所以蛇蛻（蛇脫下來的皮）到處可以看到。蛇蛻較剝下來的蛇皮薄，顏色蒼白，沒有任何用處，後來讀了生物系才知道，蛇脫皮前，皮膚中的有用成分都被分解、吸收，剩下的只是一

層角質而已。

　　筆者上初中時家搬到新店，那時新店還是鄉下，現在幾條車水馬龍的街道，當時天一黑，就難得看到幾個行人。初一那年冬天，有一天傍晚，我和家父從外面回來，經過現在的十二張路和建國路交叉的地方，看到一群人站在已割過稻的稻田裡，鬧鬨鬨的。我和家父過去一看，原來剃頭舖的老闆用根麻繩，牽著一條茶杯粗細、一丈多長的大蛇。麻繩勒在大蛇的頸子上，不知是怎麼勒上去的。大蛇不聽擺佈，在地上翻滾掙扎。剃頭舖老闆雙手用勁，死命的拖，幾個年輕小夥子拖著蛇尾，想把牠拉直，好活活剝皮。但拖了半天也拉不直。

　　「ㄍㄚ ㄍㄥ ㄒㄧ！ㄍㄚ ㄍㄥ ㄒㄧ！（把牠打死！把牠打死！）」不知是誰提議，幾個小伙子拿來杉子棍，一頓好打，大蛇終於不動了。大夥這才把牠拉直，剃頭店老闆拿出剃頭刀，切開蛇頸的皮膚，把蛇皮剝下來。

　　「最少可以賣兩百塊！」旁觀的人嘖嘖稱羨。剃頭店老闆笑顏逐開，手提著血淋淋的蛇皮，回剃頭舖去了。事隔多年，這幕剝蛇記仍然鮮活分明。前幾年在《國家地理雜誌》上看到一幅類似的畫面：一群印地安人在捕森蚺，其中一人用根繩子拉住森蚺的頭頸部，五六個同伴吃力地抱著蛇身，原始情調濃郁。森蚺又稱水蟒，

是世界上最大的蛇，產在南美雨林。

　　新店的蛇比松山還多，小火車路上，每天都有若干被壓死的蛇屍。公路上也常看到被壓死的蛇。有一次我心血來潮，想把自己的那支偉佛鋼筆（學生最常用的廠牌）用蛇皮裝飾一下。「去打一條蛇！」主意打定，立刻前往竹林。不到一刻工夫，就打了兩條小蛇回來。

　　上高中時，我的鋼筆、手錶、皮帶上都套著蛇皮，自覺威風凜凜，神氣極了。上大學時，皮帶、鋼筆上的蛇皮已取下，但手錶上的蛇皮一直帶到大二。

　　聯考發榜，糊里糊塗地進了生物系。那時對生物系毫無了解，以為學生物就是割青蛙、殺兔子，或是到野外採標本的。心想，既然要唸生物了，總得對生物產生點興趣，於是決定做點採集工作。

　　採什麼？第一個是採蝴蝶，抓到蝴蝶就用大頭針活活地釘在牆上。第二就是捉蛇，捉了幾條後，覺得捉太麻煩，就到小火車路上去撿被火車壓死的，一個暑假下來，撿了一小水桶！

　　上了生物系以後，每天瞎忙，書是唸了些，但以課外的雜書為主。大二唸了脊椎動物，對臺灣的蛇類略有了解。這個課程所用的教本是陳兼善的《臺灣脊椎動物誌》，上這個課程時，我第一次看到海蛇。海蛇腹鱗小，尾扁，都有毒。

那時上實驗課都要繪圖，形態課要繪圖，解剖課也要繪圖。上蛇類實驗課時，大家一手拿蛇，一手拿筆，嬌滴滴的女生猛和男生搶蛇。看來女孩子怕蛇，不是天生的，是文化因素使然，不是嗎？

　　大四到市女中（現在的金華女中）試教，我和同學施桂三一組，剛好輪到教蛇類。我們向系裡借了幾條蛇類標本，兩個人一輛腳踏車，把蛇攀在手臂上，一路吆喝著來到了市女中。我們一進教室，立刻嚇得那些小女生花容失色，尖叫不止。

　　大學畢業，到附近的五峰中學實習，學校很小，只有十班，女生多，男生少，學校沒有圍牆，後面是山，學生下了課就到山上玩。大家捉到了什麼動物都跑來問我，我利用這個機會，替學校做了不少標本。蛇類標本做了十幾條，其中毒蛇有三條，兩條青竹絲，一條雨傘蛇。

　　服役時，到北港待了一陣子，連上有一位老士官，江西瑞金人，他告訴我瑞金的蛇比臺灣多得多，夜晚出門都要帶根棍子，出去串個門子就可能打死三、四條蛇。這位士官有次帶我去吃蛇肉（北港的蛇肉攤很多），他事先準備好四個雞蛋，說雞蛋放在蛇湯裡煮，蛇湯裡的精華就會吸進蛋裡。

　　到了蛇肉攤，我們叫了兩碗蛇肉，再把雞蛋拿出來，讓老闆娘替我們煮。老闆娘不肯，說蛋一放進去，蛇湯就不補了。我用臺語

說，現在反正沒有其他的顧客，有誰知道你的湯煮過蛋。她尋思了一會兒，點頭答應，但只准煮兩枚。回到連上，把兩個蛋切成八塊，連長、輔導官各一塊，剩下的五塊那位士官拿去喝酒去了。

研究所畢業，到某醫學院當了一年助教、三年講師。系裡有位教授，專門研究蛇類，從分類、生態、地理分布到食性，都有所探討。有位捕蛇人和他特約，抓到蛇就送來給他。每當捕蛇人送蛇來的時候，他的那位助教就忙了，先麻醉，再抽血，最後栓上標籤，扔到大水缸裡泡起來。我離開某醫學院時，這位教授殺死的蛇已有幾十大缸！

抽蛇血是剖開胸腔，直接從心室抽。每次這位教授抽蛇血時，我們就要向他要蛇膽吃。在某醫學院的那段日子，吃的蛇膽不計其數。有位女助教為了考 GRE，整天開夜車，視力越來越差，我們勸她吃蛇膽，她起初不敢吃，後來禁不住慫恿，也吃起來。吃蛇膽對視力有沒有幫助？好像沒有，她不久就戴上眼鏡了。

在某醫學院時，我搞的是組織學，但因常到那位教授的實驗室裡串門子，對蛇也知道不少。臺灣的蛇有五、六十種（確數不詳），其中陸生毒蛇有八種，即百步蛇、龜殼花、赤尾鮐（青竹絲）、雨傘蛇、眼鏡蛇、帶紋赤蛇、環紋赤蛇、鎖鏈蛇。鎖鏈蛇僅產於東部，帶紋赤蛇和環紋赤蛇的毒性較弱，故真正常見且對人有

威脅的只有五種。

　　那位常送蛇到某醫學院的捕蛇人，右手有好幾個指頭已萎縮畸形，他告訴我這是被百步蛇咬的。他還說，他們被蛇咬到就敷草藥，從來不找醫生。但是那位弄蛇的教授卻說，他們的草藥毫無用處。理由是毒蛇咬人不一定必死，百步蛇的致死率較高，約 25%，眼鏡蛇 15%，龜殼花 8%，鎖鏈蛇 2%，赤尾鮐僅 1%。毒蛇剛吃過東西時，毒液多已排出，咬到人較無關係。

　　被毒蛇咬到，最重要的是認清什麼毒蛇咬的，以便以血清治療。如果一時緊張，沒看清什麼蛇的，可以根據齒痕來鑑定。屬於響尾蛇的百步蛇、龜殼花和赤尾鮐，其毒牙（大牙）齒痕位於小牙齒的前面。屬於蝙蝠蛇科的雨傘蛇和眼鏡蛇，其毒牙齒痕與小牙齒痕前端平齊。一般無毒蛇沒有毒液，其齒痕極易與毒蛇齒痕相區別。

　　臺灣的科學落後，人才寥落，乏善可陳，但對蛇毒的藥理和生化，卻頗有研究，在此道中小有名氣。如臺大的李鎮源找出神經性蛇毒（眼鏡蛇和雨傘蛇的蛇毒）的藥理作用，主要是作用於運動神經末梢，抑制神經傳導物質乙醯膽鹼的釋放。清華分子生物學所的楊振忠訂出眼鏡蛇蛇毒（是一種蛋白質）的初級構造。這些研究啟示我們，做研究該做地方性的。筆者近年來竭力倡導博物研究，也

是基於這層認識所產生的一種覺悟。

　　後來筆者拋開了六年的組織學，走出實驗室，轉入文化界工作。因為工作的關係，對博物方面的知識特別注意。近年編過百科全書，雜七雜八的常識更多。過去問我食卵蛇怎麼吃鳥蛋，怎麼脫皮，側行蛇怎麼在沙地爬行……我全不知道，現在已能說得頭頭是道了。人生是個變數，有誰知道以後又要搞什麼呢？

（原載《自然雜誌》第十卷第四期，1986 年 4 月號，原題〈談蛇〉）

一馬當先談馬事

◎──巫紅霏

雜誌主編

馬原分布在歐亞大陸的草原，經過長達五千年的馴養，已與人類的生活和歷史密不可分。不論古今中外，馬都占有極重要的地位。

馬的生物學

在《維基百科》上寫到馬的特徵：「馬耳小而直立，面部長；額、頸上有長鬃，尾有長毛，四肢強健，內側有附蟬，第三趾最發達，趾端有馬蹄，其餘各趾退化；毛色複雜，有驪、栗、青、黑等。」

始祖馬出現始新世初期，生活於森林，前肢有四趾、後肢有三趾，肩高約 60 公分。（維基百科提供）

古人眼中的馬是什麼樣子？甲骨文中大部分動物名都屬象形字，字形便是當時人對該動物的觀察，如馬這個字有

許多不同的寫法，但都有長臉大眼、鬃毛飛揚、長尾有蹄、軀幹健美等造型，其中最不能欠缺的是長臉大眼和背部的鬃毛，可見這是馬最引人注目的特徵。俗語說「馬不知臉長」，長臉大眼是馬的形態特徵。

馬是生活在草原的草食物動，為了磨碎粗硬的草，演化出的巨大的臼齒，有了這 12 顆超大的臼齒，臉不夠長還容納不下。有了長形的臉，馬在低頭吃草時，也能夠同時眼觀四方，及早發現悄悄接近的掠食者。在草食性哺乳動物中，馬的眼睛特別大而圓，且略外突，因此視野特別遼闊，360 度視野範圍中只有 3 度的視覺死角，不論天敵從哪個方向出現，都逃不過牠的大眼。由於大部分掠食者會由後方撲來，馬特別容易受到後方來物驚嚇，所以一般人忽然出現在馬的後方最可能被踢，而賽馬和路上拉車的馬也常會戴上「馬眼罩」，限制馬的視線範圍，以免受到後方的干擾和驚嚇。

在生物學上，馬最重要的特徵是馬蹄，馬的第三趾發達，其餘各趾退化。馬分類上屬奇蹄目、馬科、馬屬。奇蹄目是哺乳動物中有奇數腳趾的動物，這一目的成員稀少，現存的物種包含七種馬科動物、四種貘科動物，以及五種犀科動物。馬科動物現僅存一個馬屬，現存的成員有七種，包括野馬、非洲野驢、亞洲野驢、西藏野驢、細紋斑馬、普通斑馬和山斑馬，而常見的家馬和家驢分別為野

馬和非洲野驢的亞種。

　　奇蹄動物的種類少，現存的物種也多處於瀕危的情況，但在演化學上卻有重要的地位。由於馬的化石多，演化軌跡研究非常詳盡，因此成為探討演化生物學時常用的例子。馬最早的祖先「始祖馬」出現始新世初期（約五千六百萬年前），牠們生活在美洲熱帶森林中，前肢有四趾、後肢有三趾，肩高約 60 公分。始祖馬的趾頭數與貘相同，有些科學家認為牠只是馬的祖先，有些則認為牠也是貘和犀牛的祖先。到了中新世，由於氣候變遷許多潮溼的森林被乾燥草原取代了，化石顯示古馬的祖先漸漸演化出適應草原生活的特徵，漸新馬（約四千萬年前）、中新馬（約三千六百萬年前）和上新馬（約一千五百萬年前）逐次出現，體型愈來愈大，四肢增長，由多趾演化為單趾。現代馬屬動物出現在四百萬年前的美洲大陸，在冰河期逐漸遷移到世界各地，某些移居到非洲演化成現今的斑馬，移居北非、中東的則演化成驢子，移居歐洲、亞洲的則演化成現代的野馬。

　　野馬在全世界幾乎絕跡，1876 年最後一匹歐洲野馬在烏克蘭死亡。1878 年俄國探險家普熱瓦爾斯基在蒙古地區發現普氏野馬，是當時全世界僅存的野馬，因此歐洲各國紛紛前來捕捉運回動物園，到了 1970 年代再也沒有人在野外見到野馬了。為了復育野馬，1986

年 8 月 14 日，中國新疆開始一項「野馬還鄉」的工作，隨著 18 匹由英、美、德運回，野馬的故鄉才再次有野馬奔馳。

歐洲野馬絕跡了，但血統卻保留在馴化的家馬中，一般認為現在所有的家馬都是由歐洲野馬馴化而來。經育種後的家馬體型差異很大，較大的品種肩高可達 200 公分，重達 1,200 公斤；體型小的品種肩高只有 95 公分，

家馬約有 150 個品種，其中阿拉伯馬是古老且重要的品種，現今幾乎所有的騎乘馬都有其血統。（維基百科提供）

重量約 200 公斤。現代家馬品種約 150 個，最知名的阿拉伯馬、柏布馬和西班牙馬並稱為世界三大名駒，其中阿拉伯馬是非常古老的品種，在歷史上多次隨著戰爭和貿易從中東散布到世界各地，現在幾乎所有的騎乘馬都有阿拉伯馬的血統，是影響全世界馬的血統最重要的品種。

馬步如飛

1969 年，在甘肅的雷臺發現了一座東漢的古墓，一尊「馬踏飛燕」青銅器堪稱是出土文物的精華，這匹正四蹄飛奔的駿馬體態匀稱，昂首甩尾，頭微側，三足騰空，右後足落在一隻展翼疾飛的雀背上，生動的展現出駿馬飛馳的力與美。這件文物恰恰說明了馬兒擅跑的印象自古便深植人心。

動物要跑得快有兩個要點，首先是步伐大，其次是跨步快，如果兩者兼具速度自然就出來了。馬的體型龐大，四肢更是修長，跨步可達一公尺以上，當急速奔跑時步伐更大，加上每一分鐘可跑超過 120 步，因此時速最高可達 70 公里。獵豹是動物界的短跑高手，時速可達 110 公里，但牠只能維持極速 4～5 分鐘，比較起來馬的耐力更好，因此可以日行千里。

人類馴化馬，主要即是看中馬善於奔跑且耐力持久的優點。馬為什麼善跑，由牠的骨架結構就可得知一二。馬不僅大腿骨、小腿骨都很長，牠的前肢掌骨和後肢蹠骨也變長，大大增加了腳的長度，也加大了跨步的距離。馬的四肢末端演化成單一腳趾，減輕了骨骼的重量，奔跑更沒有負擔；而趾骨末端外圍又包裹著厚厚的角質化皮層，成為馬蹄，跑步時只以蹄接觸地面。除了四肢長，馬肌

肉也十分發達，主要集中在肢骨上方肩胛骨部位的大圓肌，只要收縮這條肌肉，就能牽動長腿快速甩動，馬兒也就能快而有效率的奔跑。

此外，在馬的肢骨末端，也具備了類似「彈簧」的結構。馬的肢骨末端具有發達強韌的肌腱，將掌骨與指骨穩固地纏繞，而又能使掌骨與指骨間靈活運動。馬在奔跑時，指骨與掌骨最大能夠呈現約 90 度的彎曲，而在肌腱的牽拉與縮放之下，能夠快速地彎曲與伸直，配合著跨步奔跑，就好像彈簧一般，產生向上的力量，難怪馬能夠健步如飛。

人類借重馬的速度和耐力，用於騎乘、拉車和載重，馳騁在戰場上的馬兒是騎士的戰友，在田間農場的馬是農人的工作夥伴，奔馳在驛站間的驛馬是傳遞訊息的運輸工具，馬車又一度是人類最重要的交通工具，而跑馬場的賽馬又成了人們賭博的對象。賽馬的歷史從人類馴服馬不久便開始，歐亞地區的古文明都有賽馬的紀錄，如西元前 638 年，馬車和騎馬比賽已是古希臘奧林匹克運動會中的重要項目。

現代的騎馬競賽始見於歐洲，羅馬帝國全盛時期賽馬活動頻繁。十六世紀時，賽馬逐漸成為歐洲皇室貴族的娛樂。十八世紀初，賽馬晉升為職業運動，歐洲各國建立更多馬場，賽馬的獎金也

賽馬於十八世紀晉升為職業運動，1750 年全球首個賽馬會於英國正式成立。（維基百科提供）

越來越豐富。由於賽馬越來越受歡迎，1750 年全球首個賽馬會於英國正式成立，負責訂立賽馬的規條和守則，同時也界定比賽用馬的品種，就是現在許多國家流行的純種馬比賽。

中國歷史與藝術中的馬

　　《三字經》云：「馬牛羊，雞犬豕，此六畜，人所飼。」馬是六畜之一，由中國考古得知，早在西元前六千年的文化遺址中就有馬骨骼出土，當時馬多用於祭祀犧牲，就考古出土文物來判斷，大

多數學者認為大約商代馬才成為家畜，而商周時期馬是社會階級的指標，通常只有大型墓葬才有馬為陪葬，但黃淮地區不適合養馬，馬並未用於戰事中。

秦始皇陵兵馬俑。從人與馬的比例觀察，秦馬肩高約 135 公分，並非良駒。（維基百科提供）

在西周時，北方民族戎狄興起，這些北方的半遊牧民族已經將馬用於戰事中，因此屢在戰事中取得優勢，嚴重威脅以農業為主的南方民族，最終西周受犬戎逼迫遷都洛陽，即為東周。東周秦、趙等國除了修長城防禦擅於騎射的北方部落，趙武靈王曾「胡服招騎射」，數年後便滅了白狄建立的中山國，可見馬確實影響了戰爭的結果，而在藝術上，東周已可以看到較多馬造型的青銅器、玉器等。

到了秦代，騎兵已是重要的軍種，據載秦有戰車千乘、騎萬

匹，由秦始皇陵出土的大批兵馬俑一窺秦軍的兵強馬壯。秦俑坑中出土的鞍馬共116匹，馬配有絡頭、銜鑣、韁繩、鞍韉，但沒有鐙，馬鐙出現的時間較晚，現在出土最早的馬鐙是西晉永寧二年（西元302年）墓中出土的陶騎俑，馬鐙可供騎士踏足，騎士以小腿腳掌控馬匹，解放雙手後，持戈、操槍和射箭都更靈活。

漢代中國開始與突厥等北方民族進行馬匹交易，漢武帝曾為求汗血寶馬多次遣李廣利遠攻大宛國的貳師城。由於馬的交易頻繁，馬的形象經常出現在造型藝術中，如漢驃騎將軍霍去病墓前的「馬踏匈奴」石雕，雕塑的輪廓準確有力，形象生動傳神，刀法樸實明快，是漢代陵墓雕刻作品的典範之作；而前文所提的「馬踏飛燕」則是雷臺東漢墓葬出土的 39 件銅奔馬其中的一件，其造型據說便是西域的汗血寶馬。

唐人愛馬，唐太宗李世民為紀念開國前先後騎過的六匹戰馬，令工藝家

乾隆年間宮廷畫家郎世寧繪《十駿圖》之一：大宛騮。郎氏義大利人，耶穌會教士，作畫以寫實著稱。（維基百科提供）

閻立德和畫家閻立本，用浮雕描繪六匹戰馬列置於昭陵前，即「昭陵六駿」。昭陵六駿造型優美，雕刻線條流暢，刀工精細、圓潤，是古代石刻藝術珍品。唐代駿馬造型也遠勝前代。唐自開元以來，由西域引進許多名馬，唐代造型藝術精品唐三彩也出現大批馬造形。唐三彩馬以西域大宛名馬為原型，造型高大雄偉，雙目炯炯有神，馬頸粗壯靈活，充滿活力。

　　除了造型藝術，從唐代以降也出現許多畫馬名家。唐代的曹霸、韓幹、韋晏、陳閎，宋代的李公麟，元代的趙孟頫，清代的郎世寧，二十世紀的徐悲鴻，歷代畫家以不同的風格畫出馬的特色。

（本文圖片由作者提供）

歷史上的名馬

◎—楊龢之

中央研究院科學史委員會委員

中國最早辭書《爾雅》一共收了馬字偏旁的字將近四十個，其中講毛色的就一大堆。比如四腳膝以下皆白叫驓、右後腳白叫驤、紅馬黑鬃白腹叫騵、黑白毛相雜叫騅、紅白毛相雜叫騢、白馬黑鬃叫駱……等等。不同的毛色居然有不同的單字，這顯示在周朝以前馬匹就普遍被使用了。

如果沒有馬匹的話，不論在物資輸送、人員運動、甚至行軍作戰等方面，都將受到很大限制。馬很重要，好馬尤其難得，其中特別突出的名馬，往往和名將連在一起。

最早叫得出名字的馬，大概是周穆王的「八駿」。據《拾遺記》的說法：一、絕地，足不踐土；二、翻羽，行越飛禽；三、奔宵、夜行萬里；四、超影、逐日而行；五、踰輝，毛色炳燿；六、超光、一形十影；七、騰霧，乘雲而奔；八、挾翼，身有肉翅。

據說由這八匹各具特異功能的馬所拉的車，一日一夜可跑三萬

里。周穆王駕著牠們往西到崑崙山會見西王母。由於瑤池風光明媚和主人的熱情接待，居然「樂不思周」了。天子長期不在首都，於是有個徐偃王乘機起來造反。周穆王聽到消息，立刻駕著當時世界最快的交通工具趕回來，正好來得及平定叛亂。

這個故事可靠性如何，只看身上長了肉翅的那匹「挾翼」就可推知。假設真有這樣的一匹馬，那麼當八匹馬並駕齊驅時，牠最起碼會有一邊翅膀和隔壁的馬互相擦撞，施展不開。不過，這傳說反映一個事實：在周朝以前，中國的馬匹是用來拉車的，那時候還沒有騎乘。一般駕車都用四匹，傳說中的八駿誇張了一倍。

在這種情況下，單獨一匹好馬沒意義，必須是四匹的力量、速度都差不多才行。馬是以「乘」——四匹馬——為單位計算的，只有一「乘」的好馬，沒有單獨的名馬。例如晉獻公想向虞國借道攻打虢國，就送上晉國的國寶「屈產之乘」當禮物。這四匹馬只有擺在一起才算名馬，不能分開，因此沒有單獨的名字。

到了戰國時代，趙武靈王仿效胡人建立騎兵部隊，馬匹脫離四匹一組編隊，成為單獨的個體。這時經常有千里馬的傳聞，著名相馬師如伯樂、九方皋等地位大大提高，而許多名馬也有了名字流傳下來。

不久以後統一天下的秦始皇，蒐集了七匹名馬：追風、白兔、

踦景、追電、飛翩、銅雀、神凫。由於他從未親自參加戰鬥，這幾匹馬也沒有表現的機會，不知道究竟有多高明。以後歷代帝王的天閑御廄中，往往有六駿、七駿、八駿、九駿之類名目，每匹馬都有個響叮噹的名字。但除了極少數之外，絕大多數都和秦始皇的七匹駿馬一樣，不曾建立什麼豐功偉績。

秦漢之際，伴隨名將爭戰沙場最著名的，是項羽的烏騅馬。這位悲劇英雄當走投無路時，悲涼的唱出「時不利兮騅不逝」的句子，足見人馬相依之情。

西漢因長期對匈奴戰爭，騎兵部隊亟需大批好馬。早期中國的土產馬個子小，一般高度只有十二三掌（一掌約等於十公分）。由秦始皇陵墓出土的兵馬俑裡，人和馬的大小比例，可以看出來當時的馬個子不大。漢武帝除積極引進西域烏孫、大宛的良馬外，還派李廣利遠征貳師城，取得上等汗血馬幾十匹，中等以下馬三千匹而回。

所謂汗血馬，據說所流的汗是紅的，這不符合馬匹的生理現象。有說是皮下寄生蟲蟊咬出血，與汗水一同流出所致。就經濟角度而言，漢武帝此舉耗費巨大，得不償失，但無疑有助於改進中國馬匹的素質。

三國是個出英雄的時代，名馬也特多，其中以赤兔馬最有名。

但卻沒有充分證據顯示牠是關公的。赤兔確有其馬，據《後漢書》記載，牠能「馳城飛塹」，呂布騎著牠一天衝鋒陷陣三四次，時有「人中呂布，馬中赤兔」之謠。呂布後來被曹操擒殺，赤兔馬的下落不明，是否後來轉移到關公之手就不得而知了。

倒是關公的結拜兄弟劉備和張飛，各有一匹名馬。張飛的馬叫玉追，當時號稱「人中有張飛，馬中有玉追」。玉追是一匹白馬，一般認為張飛臉黑，所以該騎黑馬，其實不盡然。

清代版《三國演義》插圖，呂布乘赤兔馬大戰劉關張。（越文版維基百科提供）

劉備的馬叫的盧，據會看相的說，這馬的相貌顯示會連累主人，劉備偏不信邪，照騎不誤。有一天去襄陽赴劉表宴會，劉表的大舅子蔡瑁起意謀殺他，劉備察覺了，騎著的盧逃走，到了城西的

檀溪，馬蹄陷入泥淖動不了，後面追兵快趕上了。劉備急喊：「的盧果然連累我！」的盧聽了奮力一躍三丈，直跳到對岸去。不但沒連累主人，還救了他一命。

的盧的下場，據《三國演義》的講法是：劉備打四川時，軍師龐統的馬鬧脾氣，劉備把的盧讓給他騎。到了落鳳坡時，敵軍遠遠認出是劉備的馬，一陣亂箭連人帶馬射死了。這講法雖然頗富戲劇性，但並沒有史實根據。

劉備的對手曹操也有絕影、爪黃飛電等好馬。他的族弟曹洪，則有一匹白鵠更厲害。有一次討董卓，戰況不利要撤退，曹操的馬跑丟了，曹洪把白鵠讓給老闆騎。到了汴水，曹洪的馬過不去，曹操拉他一起上馬，白鵠馱了兩個人一下就衝過對岸，馬腳毛都沒沾濕。時人說：「憑空虛躍，曹家白鵠」。

隋唐風俗尚武，又與西域產良馬民族關係密切，因而名馬輩出。今天流傳下來唐代繪畫及唐三彩之類明器，其馬大多身高體壯，和秦俑比較不可同日而語。

唐太宗尤愛馬，著名的昭陵六駿只是早期參與戰鬥中所騎乘的，並不是最好的。他特別喜歡的一匹叫「絕波騟」，是極北的骨利幹部落進貢的。據說後腳有距，能跳過三道門檻。可惜的得到這匹馬時，唐太宗已是「天可汗」，該打的仗早打完了，絕波騟的能

耐無從在戰場表現。

唐初諸將的馬以秦叔寶的忽雷駁最有名。這匹馬愛喝酒，在有月光的晚上，能夠跳過三道豎起的黑氈障礙，是有名的「眼明腳快」。秦叔寶死後，忽雷駁悲鳴不食而死。

平定安史之亂的大將郭子儀有一匹九花虯，原

昭陵六駿之一：颯露紫。六駿為唐太宗起兵時所乘戰馬。
（維基百科提供）

是御廄的名馬。毛有九種顏色，全身毛髮旋捲。每次一嘶鳴，群馬都豎起耳朵一副緊張的神色。有一次肅宗外出不覺走遠，天黑了急忙趕回行宮。一共四十里路，九花虯就像只跑五里一樣臉不紅氣不喘，隨從的人隔了好久才到。郭子儀克復京師後，皇帝要把九花虯賞給他，郭子儀知道這是至寶，不敢接受。皇帝說：「這匹馬高大，和你的儀表正相配，不必推辭。」

上下幾千年，中國歷史上的名馬是說也說不完的。傳說中的名駒常有「日行一千，夜行八百」之類的講法，這形容有些誇張，不過卻說明了一匹好馬的最重要條件是必須跑得快。

但偶爾也有跑不快的馬，居然也廁身於名馬之列。清太宗皇太極身材魁梧，尋常的馬根本馱不動，每次行軍打仗都為這傷腦筋。有一次，蒙古部落進貢來兩匹馬，叫做「大白」、「小白」。這兩匹馬體型高大，皇太極試著騎上大白，一次能走五十里，騎小白能走一百里。終於找到合用的坐騎了。

　　崇禎二年（1629）十月，他帶大軍從瀋陽出發，迂迴喀喇沁的青城，南下破長城的龍井關、大安口，直趨北京城。這一路總共兩三千里，又經過許多崎嶇難行的地段，要是沒有大白和小白換著騎，根本就不可能有這次遠征。

　　這兩匹馬雖談不上速度，但載重力驚人，就憑這一點，也該列入名馬之林。

吉羊

◎──楊龢之

　　《三字經》說：「馬牛羊，雞犬豕，此六畜，人所飼。」這話說得真是對極了，這些正是人類最早、最普遍馴養的禽畜。不過，雞蛋裏挑骨頭地看，馬、雞、犬、豕雖各有許多長相不同、用途各異的品系，但都是單一物種。惟獨牛有黃牛、水牛、氂牛之別；羊則包括了山羊和綿羊，是截然不同的兩個屬、兩個種。古人雖知其差異，但通常並不在意，反正含含混混統稱之為羊就是了，不像洋人之有 goat 和 sheep 之分。

野山羊和野綿羊

　　就生物上的分類來說，不管什麼羊都屬於牛科，這是大型草食動物中最大的一個家族。其五十幾個屬中，可泛稱「羊」者多得算不清，但其中只有兩種可以馴養為家畜。在正式介紹這兩種「羊」之前，讓我們先認識一下野生的綿羊和山羊。

山羊屬野生的有五種，分別是阿爾卑斯野山羊（*Copra ibex*）、西班牙野山羊（*C. ibex pyrenaica*）、高加索野山羊（*C. caucasica*）、羱羊（*C. aegagrus*）和螺角羊（*C. falconeri*），前四種雖各有其專屬的英文名稱，但也可概稱為 ibex。羱羊和螺角羊產在西亞、中亞，羱羊可分布至我國新疆、西藏一帶，肩高約 90 公分，體重可達 90 公斤，角長超過 100 公分，是家山羊的祖先；螺角羊（markhor）的角呈螺旋狀，角型極為特別。

　　綿羊屬野生的也有五種，分別是歐洲產的摩弗倫羊（*Ovis musimon*）、西亞和中亞產的赤羊（*O. viengi*）、中亞產的盤羊（*O. amoon poli*）、北美產的加拿大羊（*O. canadensis*）和達氏羊（*O. dalli*），前 3 種雖各有其專屬的英文名稱，但也可概稱為 mouflon。

　　盤羊有七、八個亞種，產在新疆和青藏高原一帶，各個亞種的體型和毛色都略有不同。其中帕米爾高原產的亞種，特稱馬可波羅羊，馬可波羅在遊記中曾提到過牠們。盤羊肩高超過 100 公分，體重也在 100 公斤以上，比家綿羊大得多。盤羊的角，粗大而盤曲，一般超過 100 公分，馬可波羅羊甚至可達 190 公分。我們很難想像，這種巨羊竟然是家綿羊的祖先！

家山羊和家綿羊

家山羊（*Capra aegagrus hircus*）是由原產西亞和中亞地區，瓬羊的一個亞種——牛黃山羊（bezoar goat）馴化而成的；家綿羊（*Ovis ammon aries*）的祖先則是由原產西亞和中亞的盤羊之一支所馴化而成。

山羊和綿羊大約八千～九千年前馴化為家畜，很難斷定孰前孰後。在人類豢養下，山羊和綿羊都衍生了許多品種，特別是綿羊，和野生原種的外貌幾乎完全不同。一般來說，綿羊的角外曲、毛柔而卷、無鬚、長尾，個性較合群；山羊的角上彎、毛硬而直、有鬚、尾短，個性較獨立。中國人最早所稱的羊是指綿羊，這可以從文字造型、典籍記述，以及一些古器物中判定。

早期的中國羊

「羊」是個標準的象形字，甲骨及金文多作半、♉等；篆作羊。《說文解字》的解釋是：

殷商羊尊，從盤曲的角型可判定為綿羊。商、周羊形文物均取象綿羊。

東晉羊形燭台，從下頜鬍鬚及短尾可判定為山羊。自魏晉起，才出現山羊造型文物。

「从丫，象四足尾之形」；而丫的意思則是「羊角也。」也就是說，頭上的兩彎，表示是一對往外、往下彎曲的大角，兩橫槓代表四隻腳，一直槓是身軀和尾巴。從字形看，除了外彎的角之外，尾巴也滿長的，所以這應該是綿羊。

《禮記·曲禮》說：「羊曰柔毛。」山羊的毛硬，所以這當然也是指綿羊。

《詩經》裡提到羊的地方不少，未必都看得出到底是山羊還是綿羊。不過，〈無羊〉篇中說：「誰謂爾無羊？三百維群！」一群達三百隻，可見其合群了。又

說：「爾來羊思，其角濈濈。」「濈濈」是和樂的意思，有角而不好鬥，正是綿羊的特性。

今存的商周銅器中有不少羊頭雕塑，差不多都是綿羊。從其卷角無鬚的形貌可一眼判定。古生物學家楊鍾健和劉東生研究殷墟出土的哺乳動物，發現綿羊的數量比山羊多十倍，可見商、周時中原一帶山羊並不普遍，甚至可能並非家畜。山羊性喜登高，綿羊應該更適合放牧於華北大平原。山羊比較普遍出現於器物上，是魏晉以後的事。

除有器物為證之外，西晉崔豹所撰的《古今注》中說羊的別名是「髯鬚主簿」、「胡髯郎」，以及「青鳥」。不知道最後一個何從取義，不過前兩個既特別強調髯鬚，自必是山羊無疑。又講「胡髯」，可能是才從國外引進還不太久。不過說不定早就有了，只是畜養於華南丘陵地帶，早期的北方人見得不多而已。

羊的德性評語

古人每喜歡以動物的性格、行為比擬人事。在這方面羊所得到的評價一般不算太差。董仲舒在《春秋繁露》中說：「羔有角而不任，設備而不用，類好仁者；執之不鳴，殺之不諦（啼），類死義者；羔食於其母，必跪而受之，類知禮者。故羊之為言，猶祥

與。」因為這些好德性，所以羊字也引申為吉祥的祥，以後才加上示字邊以資區別。在文字發展的過程中，這種例子不在少數。

不過，在另一個類比中，羊卻得到「狠」的評語。《史記‧項羽本紀》記秦二世三年秦軍圍趙於鉅鹿，楚懷王以宋義為大將、項羽為其副手率兵往救。項羽要求立刻進兵，宋義卻想坐觀成敗，兩人意見不同，宋義乾脆下令：「猛如虎、很如羊、貪如狼，彊（強）不可使者，皆斬之。」這明擺著是在指桑罵槐。項羽一氣之下刺殺主將奪取兵權，接著演出破釜沉舟一幕，鼓起勇氣大破秦軍，奠立霸業的基礎。

宋義對項羽的「很如羊」評語很不容易理解。「很」就是「狠」，羊真的狠到能與虎狼相提並論嗎？歷代註《史記》者至多是就「很」這個字作音註，全不提羊是怎麼個狠法，可能是因為難以解釋，只好避而不談了。

不過，東漢大儒鄭玄卻有個看法，他對《易經》夬掛中「牽羊悔亡」一語的解釋是：羊之性狠，在前方硬牽絕不肯動，讓他居先從後頭趕才會走。這麼說來，羊的「狠」是指個性倔強、不肯屈居人下的意思。

能執法的獨角神羊

　　羊的「狠」顯示其絕非「乖乖牌」。不僅如此，據說其中有一種獨角者，還能分辨是非曲直，是古代法官辦案時的好幫手。這就是廌，又稱獬豸。「廌」是象形本字，「豸」則是同音的假借字。

　　《爾雅翼》說：牠看到人打架，會去頂理虧的一方；聽到人辯論，會去咬無理的一邊。古代有神人把牠送給黃帝，黃帝問怎麼飼養？答稱：吃薦（一種長在溼地的草），夏天睡水澤中、冬天住松柏間。

　　大約繁殖的情況不錯，所以一直到帝堯的時代，都還是法官審案的必要配備。《述異記》說：「獬豸者，一角之羊也，性知人有罪。皋陶治獄，其罪疑者令羊觸之。」

　　這樣了不起的神獸，自然成為公正執法的象徵，漢朝御史的帽子中央部分特高，以象其角，

傳說中的獨角神羊獬豸，取自《明會典》。這種傳說中的動物會觸惡人，所以成為風憲的象徵，近世作為憲兵的標誌。

號稱「獬冠」。明清兩代官員公服胸背各有一塊方形補子，依文武品級而繡不同的鳥獸圖案。惟獨御史及給事中等風憲官，不分幾品都繡獬豸。這一傳統至今未絕，代表憲兵標誌的那隻獨角獸其實就是獬豸。有人以為是麒麟，大錯特錯。

麃的形象也反映在造字方面。「法」這個字，原本在右邊的「去」上頭還有個「麃」字，是一個由水、麃、去三者組成的會意字。水往下流，至呈平面時才靜止不動，故引申為公平、公正；不符此一標準者，麃觸而去之。後來李斯搞「文字簡化運動」，將「麃」省略僅剩「水去」，從字形看不出是什麼意思了。

千變萬化的精怪

也有些羊是怪物。據說魯國的大夫季桓子有一次掏井挖出一個土罐，裡頭有隻長得像羊的動物。他除了想知道土中何以會有這東西之外，還想考考號稱博學多聞的孔子。因此派人去問：「我掏井挖到一隻狗，這到底是什麼？」孔子沒上當，肯定應該是羊而不是狗，因為他聽說過：「木石之怪曰夔魍魎；水之怪曰龍罔象；土之怪曰羵羊。」

這種羊是怎麼個怪法呢？最早記述這件事的《國語》沒說。後來有人解釋說是「雌雄不成」，不男不女或半男半女。

到了漢以後陰陽五行說大盛，《漢書·五行志》賦予這件事情的「學術性」解釋，大意是說：羊應該是地面上的東西，在土中出現，象徵魯定公暗昧不明，聽信季孫氏而不重用孔子。又說：羊離野外而被關在土罐之中，象徵魯定公將被季桓子幽禁、季桓子後來也被家臣陽虎幽禁。這「事後諸葛亮」講得頭頭是道，怪的是以孔子的天生聖明，當時怎麼就看不出來？

從前人認為萬物都可能成精變怪。《述異記》說：梓樹之精會變成青羊；百年後其色轉紅；又五百年而黃；又五百年而蒼；又五百年而白。以後看到這些毛色的羊，可得小心檢驗是不是一棵樹變的。這是樹變羊的例子。

鬼也會變羊。《搜神記》說：南陽人宗定伯有天晚上夜行碰到鬼，他自稱也是個鬼，因而同行。他又說剛剛當鬼，還不很熟練，問鬼怕什麼？那鬼答稱最怕人的唾液。天快亮時走到集市，宗定伯將鬼緊緊抓住，鬼一急變成一頭羊。他朝羊吐口水，鬼再也沒法變化。於是宗定伯把鬼賣了一千五百錢。

許多精怪變來變去，常免不了可能變成人的樣子。怎麼分辨呢？晉朝的「神仙專家」葛洪認為這不難斷定。他在《抱朴子》中專列「登涉」一章，舉出一些野外活動應注意事項。未日（乙未、丁未等等）當天在山中碰到自稱「主人」者，肯定就是羊變的。喜

歡登山的朋友可以「參考」。

羊與交通運輸

魏晉以後，山羊在中國日益普遍，且還扮演過相當曖昧的角色。晉武帝平吳後，將孫皓的後宮佳麗都接收了，一時後宮美人充斥，竟不知如何取捨才好。他想出個辦法，坐羊車巡行宮中，乾脆讓羊決定，羊停哪就在哪過夜。於是一些妃嬪「上有政策，下有對策」，紛紛在地上灑鹽水、在門上插竹葉以吸引羊隻駐足。山羊通常見青就啃，不像綿羊挑食，這些會被竹葉吸引的極可能是山羊。

用羊拉車不只宮中而已，可能還是當時的普遍風氣。成語「看殺衛玠」的男主角衛帥哥，少年時曾乘白羊車招搖過市。大家都問：「是誰家璧人？」甚至東晉南渡後仍有人這麼幹，太元年間羊琇因乘羊車被彈劾。皇帝裁決說：「雖沒規定不准，但這不是正常的行為。」竟被免官。大概已經不常有，所以驚世駭俗了。又過一陣子，劉裕篡晉建宋，他的兒子文帝劉義隆也喜歡在宮中乘羊車。有個潘淑妃專用鹽水灑地使羊隻留連不去，因而寵冠後宮。其他妃嬪都不知道這秘訣，可見熟讀歷史是絕對有益無害的。

羊的力量小，速度又慢，當然不是理想的交通工具，皇帝或名流偶爾乘坐，只是當作休閒娛樂而已。不過在特殊情況下，羊還真

能作為稱職的運輸工具。歷代對遠征或戍邊將士的補給常都感到困難，明朝的王鈇想出一個點子：用羊運糧。將背負米糧的羊群趕到目的地後，連羊也宰殺充作軍食。不但單程運送可節約成本，而且肉質保證新鮮，官兵的營養不成問題。

另外還有件「羊事」也與用兵有關。從前將領將部隊調離營地，為了保密往往會吊起一頭羊，讓其兩隻後腿對著大鼓，羊掙扎時自然而然猛踢鼓面。外面只聽到鼓聲鼕鼕，不知道裏頭早已人去營空了而成功欺敵。這「懸羊擊鼓」的招式很普遍，無法查考是哪個天才發明的。

奇怪的植物羊

雖然羊只有兩種，但因不同需要而刻意選擇繁殖的結果，各地羊的長相往往千奇百怪，第一次看到的外地人免不了印象深刻。漢以後，對異域殊方各種奇特羊種的記述汗牛充棟。其中最特別的，是一種不用牝牡繁殖，而是從土裏長出來的「植物羊」。

中國人可能在唐朝時最早聽說有這種怪羊。《舊唐書‧拂林國傳》說該國有羊出自土中，國人觀察牠快長成出土了，先在四周築起圍牆，以免被野獸捷足先登吃掉了。羊從土中冒出後臍帶仍與地面相連，一割就死。解決辦法是著甲騎馬在旁奔馳，並配合陣陣急

鼓驚嚇，牠一緊張臍帶脫落，從此與正常的羊無異。拂林是指東羅馬帝國。

　　這類講法，歷宋元至明朝一直不斷，雖說天下文章一大抄，但細節部分卻有些變化，最大的區別是不再講這種怪羊是野生的，而說是像莊稼一樣由人種植的，這大概是人類文明的發展從採集時代進入農耕時代了。較有代表性的說法是元代姚桐壽的《樂郊私語》。他介紹種羊的方法，是殺了羊以後留下骨頭，在初冬的末日埋在土裏，過三個月，開春之後就可以「收成」了。至於斷臍取羊的手法，則和《舊唐書》講的差不多。這是大漠以西一些地區的種法，在波斯則只用羊脛骨，種法不太一樣。

　　覺得不可思議嗎？姚桐壽振振有詞的說：西域人聽說中國有一種怪蟲，吐出來的絲可以做衣服，也絕不肯相信。天下之大無奇不有，憑什麼你沒見過的東西就一定不存在呢？

　　世界上真有這種怪羊嗎？謎底揭曉，其實這不過是棉花罷了！不知怎麼會以訛傳訛，居然變成這個樣子！利瑪竇在《中國札記》中說：「棉籽傳入這個國家只是四十年前的事。」可見棉花傳到中國有多晚。

老祖宗的養羊技術

說了半天怪力亂神，該談點正經事了。從前羊肉還沒開放進口之前，臺灣鄉間有句俗語：「養羊三分利」，這是指山羊。所有牲畜中，山羊可能是最不需要照顧的，除準備鹽巴讓其舔食外，幾乎無須特別的營養補充。而將鹽置於羊舍中，牠就會每天乖乖回家，不用費神放牧。宜其為從前農家最好的副業之一。

但就經濟效益而言，飼養任何禽畜都必須有計劃的育種，並講求管理方法。這道理古人不但清楚，而且留下了不少寶貴的經驗。一千多年前，後魏高陽太守賈思勰作《齊民要術》，用了相當多的篇幅談如何養羊，其中有些直到今天仍值得參考。比如說：

——打算留下來作繁殖用的種羊，要選臘月、正月出生的。因為夏秋所產的，斷奶時青草已枯；春夏間所產的，則一開始所吃的草不夠鮮嫩，所以體質通常不佳。在寒冬出生的仔羊不止無此弊，而且一出生就接受嚴寒考驗，品質最有保證。

——羊群的雌雄比例應為十比一。公羊太少不能讓母羊普遍受孕，不但不符經濟效益，而且不孕的母羊在過冬期間容易變瘦，影響健康。公羊太多則常會打架，造成羊群騷亂。

——公羊最好是選沒角的。除減少彼此打架機會外，也不會衝撞了懷孕母羊，導致流產。

　　——預期要宰殺的幼公羊，要在十日齡左右閹割。

　　——牧羊工作最好由老年人或性情柔順者擔任。年輕性急者在羊隻不聽話時，可能一氣之下會將其打傷；貪玩的人則可能怠忽職守，致羊群遭野狼傷害；也可能懶得驅趕，使羊隻因運動不足而體弱多病。

　　——羊圈宜設在住家附近。這是為了避免野獸襲擊，有風吹草動能隨時注意。

　　——羊舍應坐北朝南，使冬天能接受充足日照以增加溫度。

　　——養羊千口，需地一頃以種植飼料。每年 3～4 月間種大豆雜糧，不需除草；8～9 月收割後改種耐寒作物。並且要「積茭」（類似現在的「青貯法」），以維持全年足夠的飼料。

　　——母羊生產後身體虛弱，應煮穀、豆餵食。在羊舍稍留兩三天後，再連母子一同放牧，這是山羊。綿羊則母羊產後一日即放，定時讓牠回來餵奶；仔羊置於羊圈中半個月，開始學吃草時才放出同群。

　　即使用今天的眼光看，這些養羊要領也不見得就落伍多少。咱

們的老祖宗並不全都只是夸夸其談，還有不少是講實學、重實驗，能用科學方法真正作到「正德、利用、厚生」的。

（本文圖片由作者提供）

談猴說猿

◎—楊龢之

談到猴，大致包含靈長目的原猴亞目和真猴亞目兩大類。前者包括四個亞目、七個科；後者包括廣鼻亞目（又稱新大陸猴類）三個科及狹鼻亞目（又稱舊大陸猴類）五個科。整個靈長目總共有十五個科、五十七（或七十六）個屬、一八九個種，其中絕大多數是「猴」。

要列出這一大串「花鹿鹿」的「猴」名單不但費神，而且有騙稿費之嫌，只得從略。事實上，古人心目中的猴子只是狹鼻亞目的獼猴科（含八或十六屬，四十二種）和疣猴科（含六或九屬，二十四種），頂多加上長臂猿科（含二屬，八種）中的若干物種。前兩類通常稱「猴」，後一類通常叫「猿」。

古人對猿猴的基本概念

中國並非「產猴大國」，原生種不算多，古人有機會看到的靈

長目動物有限，尤其同屬猿類的猩猩科三屬四種更是無緣得見。其中紅毛猩猩（*Pongo pygmaeus*, orangutan）或許可能曾分布於中國南方，但在記載中找不到確切的證據。古籍裡一再提到會講話的「猩猩」，最開始是指一種聲音多變化的鼬科動物，後來以訛傳訛，變成各式各樣難以理解的怪獸。直到近世，產於非洲的 gorilla（大猩猩）、chimpanzee（黑猩猩）和東南亞的紅毛猩猩等大型猿類進入國人視野，於是硬給戴上「猩猩」的帽子。因而談起古人心目中的猿或猴，可以排除這一部分。

對於這些與人類親緣最近的物種，古人有猱、猨、狙（音

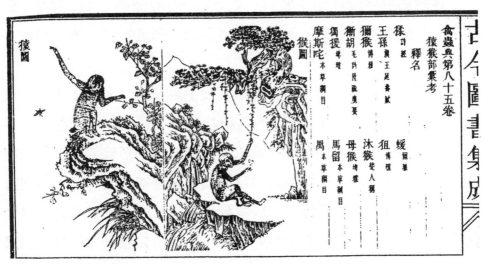

《古今圖書集成》猿猴部書影，可見古人對猿和猴分得很清楚。

居）、狖（音又）、蜼（音位）、禺（音玉）、玃（音決）、沐猴、馬留、王孫、胡猻、摩斯吒等等不同稱謂。其中多數原是特有所指的，但在不同的記述中，常因概念不清而各自表述，以致往往攪混在一起。

「猴」很明顯是個後起的形聲字，就造字原則來說，習見的東西就該有個象形本字才對。《說文解字》認定這個字就是「為」：「母猴也，其為禽好爪，下腹為母猴形。」這一說法頗有問題，其實「為」是以手牽象的樣子，引申為「巨構」，和猴子沒什麼關係。至於「母猴」，並不是指雌性的猴子，咱們稍後會談到。

猴的象形字應該是「禺」，《說文》的解釋是：「母猴屬，頭似鬼。」此說亦有未諦，應該只說是猴的象形就行了，不必談鬼不鬼的。

至於「猿」，一開始多寫成「蝯」或「猨」，取「爰」音成字。「爰」是「援」的本字，因為猿性善援（爬樹），故在同音字中取此為偏旁，以後才寫成「猿」，因此這是個形聲字。這表示在文字形成初期，古人應該沒見過這類動物，是基本文字已經定型後才出現的。事實上，猿類不如猴類耐寒，分布的緯度一向就比猴類低得多。在殷商以前，華北的人可能不知道這類動物，是後來民族擴張及於長江流域才知道的。

從造字看，古人一開始就將猿與猴區分得清清楚楚，並不像後世有些人那樣夾纏不清。

淵源久遠的飼養歷史

最早提到這類動物的古籍，大概是《詩經‧小雅‧角弓》所載：「毋教猱升木」。猱就是猴子，牠天生就是爬樹高手，用不著費神去教。這句話似乎也反映當時有人養猴當寵物，所以才有機會去「教」牠爬樹。

談起飼養，《列子‧黃帝》和《莊子‧齊物論》都講宋國的一位「狙公」養猴的故事。他因為開銷太大，想減少食物供應量，於是對猴子說：「早上給三個芧（音序，橡實），晚上給四個。」結果猴子們都生氣了，於是又改口說：「早上四個，晚上三個。」猴群這才滿意。這是「朝三暮四」這句成語的由來。

《漢書‧項羽傳》記載這位霸王進入關中後，有個韓生勸他就在此建都。項羽卻執意要東歸，因為「富貴不歸故鄉，如衣錦夜行。」於是韓生私下跟別人說：「人言楚人沐猴而冠，果然。」這話傳到項羽耳朵，認為將之比成猴子是莫大的侮辱，一氣之下將韓生殺了。

韓生所謂的「沐猴」，並不是幫猴子洗澡，而是一種猴子的名

稱，通常又叫「母猴」。以後又有說成「馬猴」，其實也就是獼猴。沐、母、馬、獼，都是同一個音之轉，所指的是臺灣獼猴的近親，在中國大陸分布廣泛的恆河猴（*Macaca mucatta*, rhesus macaque）或短尾獼猴（*Macaca arctoides*, stump-tailed macaque）。

「沐猴而冠」之說反映當時有人給猴子穿衣戴帽，打扮成人的樣子，這或許是後來耍猴戲的濫觴。芸芸眾「牲」中，就這類物種最像人。《呂氏春秋》因而說：「狗似玃（一種大型猴子），玃似母猴，母猴似人」，接著問：然則狗長得像人嗎？

細緻的觀察

正因為猿猴類長得像人，因此古人在所有野生動物中，對牠們似乎特別感興趣，在古書中留下不少觀察紀錄。其中有些敘述固然荒腔走板，但也有不少是蠻準確的。

《爾雅‧釋獸》說：「猱善援」，猴子很會爬樹，這不算什麼了不起的發現。但同篇的「齸（音益）屬」一節講的卻頗有見地：「寓鼠曰嗛（音淺）」。「寓」是「禺」字的假借，鼠可能是指松鼠之類，嗛則是頰囊。猴子和松鼠口內都有頰囊可暫時攜帶食物，以便騰出四肢爬樹。《爾雅》的作者早在兩千多年前就知道了。

《桂海獸志》說猿有三種：金絲、玉面、純黑；又說金絲為

雌、純黑為雄。這個觀察更了不起。事實上，黑冠長臂猿（*Hyloba-ves lar pileavus*, capped gibbon）正是雄性毛色全黑，雌性則全身金黃僅頭頂有一小塊黑色皮毛。這種雌雄異色的情況，在鳥類中不少，哺乳類則不多，在靈長目中更是僅此一家別無分號。而「玉面」則是指白手長臂猿（*Hylobaves lar*, white-handed gibbon），其毛色從淺黃到深黑都有，但不管是什麼顏色，臉龐的周圍都環繞一圈白毛。

《桂海獸志》的話講到這裡也就罷了，可是接著卻畫蛇添足的說：「猿性不耐著地，著地輒洩以死，煎附子汁飲之即愈。」不曉得在野生的猿群當中，如果有一隻不幸著地了，牠的同伴會不會生火煎藥從事急救？

猿的「不耐著地」，是因為生理結構使然，牠那兩條長臂在樹間攀緣飛躍雖得心應手，但一下地則專靠兩條短腿蹣跚而行，長臂變成累贅，只能高高舉在頭頂上作投降狀。因而在正常情況下怎會願意著地呢？

「通臂」猿

猿那兩條異乎尋常的長臂還引起相當關注，《埤雅》說其臂骨可以用來作笛子，其聲「圓於竹」，比竹製的笛子聲還要圓潤。遺憾的是筆者沒見過這種笛子，更別說聽過它的聲音了，所以無從比較。

與人類和各種猴子相比，猿的手臂似乎長得太過於離譜。古人觀察牠在樹間攀躍時，常是一臂伸出一臂縮回，交互抓住樹枝前進，這動作讓人感覺不是左短右長，就是右短左長，很少兩臂一般的。因而異想天開認為其左右二臂能穿過肩膀相通，時而移到左邊、時而跑到右邊，所以才會有這樣不合比例的長臂。根據這一推想，又有「通臂猿」的說法，當年唐僧師徒往西天取經途中就碰到過一隻，連擅長變化的老孫都差點鬥牠不過。其事有《西遊記》為證。

　　中國繪畫給人的觀感往往重寫意而不重寫生，其實這是明末以後的事，之前並不盡然。歷史上少數幾位繪畫夠得上專業水平的皇帝之一明宣宗，就曾經對猿作了寫生。清初王士禎見過他賜給大臣楊榮的一幅，其model是廣西總兵官山雲進獻的黑猿。《池北偶談》描述這幅畫：「圖中一橫木，猿臂掛其上。……嶺外有黑猿，二臂相通。寐則臂掛於橫木上，一臂漸縮，一臂漸長，所謂通臂猿也。乃知畫貴格物。」

　　明宣宗大約是照猿臂一伸一縮實態寫生的，這幅畫我們今天是看不到了，不過故宮仍存有他另一幅〈戲猿圖〉，所畫的明顯是三頭白掌長臂猿，其形象比例頗為準確。宣宗的寫實功力令人佩服，而王士禎竟然理解為「通臂」，還好意思聲稱是「格物」！

但也不是每個人都如此富想像力的，《本草綱目》的作者李時珍就力證沒有「通臂」這回事。但他同樣犯了話太多的毛病，既認為猿「能引氣，故多壽」，又相信老獝變猿、猿著地會腹瀉而死等等舊說。

對猴的了解也異曲同工，李時珍知道猴有頰囊、懷孕期約五個月，但卻認為猴類沒有脾臟，吃過東西必須運動才能消化，還相信古人所講猴變猿、猿變玃、玃變蟾蜍等等是真的。

明宣帝所繪〈戲猿圖〉，所繪為白掌長臂猿。

養馬專家孫悟空

從先秦典籍上看不出當時養猴子是幹什麼用的，或許只是純粹玩賞。而後世則主要是為了配合養馬而飼養的，這一風氣可能在東晉之後才有。

《獨異志》說東晉大將趙固的愛馬死了，靠郭璞（給《爾雅》作注的那一位）才救回一命。方法是抓隻猴子到面前以鼻吸之，於

《本草綱目》獼猴圖。

是死馬復活了。《獨異志》還說：「如今以獼猴置馬廄，此其義也。」

《西遊記》裡說，花果山的孫大聖初次被天庭「招安」，官拜「弼馬溫」，職司管理玉帝的御馬。這並非吳承恩在胡吹亂蓋，而是確有根據的。古人依據經驗，認為「人無橫財不富，馬無夜草不肥」，想要把馬匹養得肥壯，就必須特別重視「消夜」。但有時候馬兒想睡覺不吃怎麼辦呢？在馬廄裡養隻猴子，蹦上蹦下吵得牠無法休息就成了。而馬兒在猴子的攪擾下有適當的活動量，又常吃夜草而營養充足，身體自然健康，比較不易生病，所以又附會成養猴可防止馬兒得瘟疫，「弼馬溫」其實就是「避馬瘟」的意思。

不只民間如此，就是皇宮裡也一樣，明朝宮中專職養馬的御馬監，就附帶養了不少猴子。御馬監的主要馬場在北京東北方二十里外的鄭村壩，細節不得而知，光以位於皇城內的「內馬房」而言，

就曾經「猴滿為患」。明孝宗為了節省用度，放掉了其中大部分，後來他的兒子武宗（就是演出「遊龍戲鳳」的那位）即位時還剩下十隻。公家辦事講究事事都要按規定，這十隻猴子每天固定的伙食花費是白米一斗、紅棗二斤八兩。平均每猴每天要吃一升米，差不多等於一個成年人的食量。人猴體重一般相差將近十倍，飯量再大的猴子也吃不了這麼許多。不用說，這自然是經手太監的「福利」。

　　猴子與養馬的關係密切，因而《西遊記》其實是反映了當時的事實，甚至還是皇宮裡的情況。但後來出現一個倒果為因的講法，說是因為孫悟空當過弼馬溫，馬匹服猴子管，所以養馬必須兼帶養猴。猴、馬關係如此，大概激起一些畫家的靈感，喜歡畫一頭猴子騎著馬，取「馬上封侯」之意，是祝賀別人升官的吉祥畫。

猿猴的「變化」

　　古人相信物種之間會轉變，如《列子・天瑞》說：「老䍺為猿。」年紀大的黑色牝羊會變成猿。最為言之鑿鑿的是晉朝的葛洪，他在《抱朴子》的〈對俗篇〉中說：「獼猴壽八百歲變為猿；猿壽五百歲變為玃；玃壽千歲變為蟾蜍，壽三千歲。」而《述異記》則主張玃千歲以後所變的是人，而非蟾蜍。葛洪似乎不反對此

清郎世寧畫〈交阯果然圖〉，實為馬達加斯加島的環尾狐猴。

說，《抱朴子·登陟篇》講：「申日（甲申、丙申等等）在山裡碰到自稱『人君』者是猴變的；自稱『九卿』者則是猿變的。」

猿猴變人，古書確有「實例」可徵。《吳越春秋》說，越王句踐為了報吳國之仇，決心整軍經武，而聽說本國南方山林有個處女是擊劍高手，於是遣使聘為「戰技總教頭」。處女北上應聘途中，碰到一個自稱袁公的老翁，堅持同她比武。袁公以杖為武器騰躍竹林間，處女以快劍對付，幾招下來袁公不敵，變成白猿飛躍上樹而去。

不止猿猴會變人，葛洪說有些猿猴其實也是人變的。距今約三千年前左右，周昭王親率大軍南下對付楚國，結果整支部隊都沒回來。這許多人都到哪去了呢？葛洪的講法是通通「異化」了，其中君子（貴族子弟）所變為猿、為鶴，小人（一般士卒）為蟲、為沙。此說流傳久遠，唐朝李德裕的《白猿賦》引申發揮，說猿是因為「嗟物

變而何常」，所以才會「或哀吟於永夜，或清嘯於朝暾。」

猿啼鶴唳聽起來都相當凄厲，容易讓人想像其「前世」必有一番不平凡際遇。連結上當年那支不知所終的大軍，是個蠻有創意的聯想。

猿和猴的區別

古人沒有今天的分類觀念，對物種的認知通常很混，但例外的是，對猿和猴的區分往往不含糊，比如「兩岸猿聲啼不住」「巫峽啼猿數行淚」等等，就沒說是「猴啼」。事實上，各種長臂猿的叫聲都很嘹亮，可以傳得很遠，而獼猴類則只會吱吱喳喳亂叫，夠不上「啼」的標準。

古人還認為猿代表君子，猴代表小人，因為猿與猿之間通常互相愛敬，一片和樂氣氛，而猴子在一起則是吵吵鬧鬧，還常常打架，一副沒水準的樣子。這個觀察很有見地，這和牠們的群體構成有關。猿是家庭形式，由父母和幾個子女組成，當然相處融洽，不會有矛盾鬥爭的問題，而各種獼猴則多是類似部落性質的組織，每群的數量通常比猿群大得多，組成分子複雜，成員之間不一定都有血緣關係，有時為了爭取猴王寶座還必須拚命，更別說是互相禮讓了。

大概是以習性差異作標準，所以有人把產於雲貴地區，分類應

屬疣猴科、獅鼻猴屬的獅鼻猴（*Rhinopithecus roxellanae, snub-nosed monkey*）稱為金絲「猿」。確實，這種猴子的群居型態，不像一大群獼猴相處那麼「小人」。看來中國人的生物分類觀，還蠻講「文化」的呢！

古人還觀察到這種猴類的鼻孔朝天，因而有個異想天開的講法，說是牠的尾端有兩個分岔，一旦碰到下雨，就把尾巴掉過來，每個分岔塞注一個鼻孔。在古籍中，牠的正式名稱其實叫做狖、或蜼。可是後人不知，稱牠為「金絲猿」或「金絲猴」。其實不少物種古人已有定名，但後人不知道又另造個新的，這就是個例子。

說了半天，猿與猴的分別其實很清楚：猴有尾巴，猿沒有；猴的後腳比前腳長，猿相反；猴子走路時前腳掌著地，猿則是以指節著地（猩猩）或雙手高舉（長臂猿）。另外還有一個重要差別，猴子小臂的毛是往手掌方向順著長的，而猿則是向外橫著長的。因此，您不妨撸起袖管，仔細觀察手臂上的汗毛，研究一下自己在生物分類中的定位。

（本文圖片由作者提供）

（2004 年 2 月號）

捉拿潑猴記事

◎—余珍芳

臺北市立動物園獸醫師

臺灣獼猴為臺灣特有種動物，在分類地位上屬於靈長目獼猴科獼猴屬，是臺灣本島除了人類以外唯一的靈長類動物，也是長得最像我們人類的動物。牠們有著靈巧的雙手、可愛及富有表情的臉孔，以及階級分明又團結的社群，以樹棲活動為主，也會到地面覓食，大多棲息於濃密的天然林、裸露的岩石地及水源區附近，從海邊到海拔三千多公尺的森林內均有其蹤跡。不過牠們不用穿衣服，因為牠們全身披著濃密的毛髮，具有保護及保暖的功能，還有一條粗粗的尾巴可幫助在樹林間攀緣跳躍時的平衡。

臺灣獼猴的習性

獼猴過群居生活，猴群為母系社會，雄猴在性成熟前離開出生的社群，雌猴則會留在群體中。猴群由強勢的雄猴擔任猴王，每一群的數量並不固定，一般為 10～50 隻左右。臺灣獼猴為日間活動的

野外救傷的幼年臺灣獼猴。（作者提供）

動物，日出而作，日落而息，猴群在清晨及黃昏各有一個覓食高峰，中午會有一至兩小時的午休時間，其他時間則偶有零散的覓食行為。

提到猴子的食物，一般人的聯想通常是香蕉，因此在人為圈養環境下，常以香蕉為主食，事實上臺灣獼猴野生族群吃到野生香蕉的機會不多，主要食物為植物的葉子、果實、芽、莖、樹皮等，偶爾取食部分動物性食物，如毛毛蟲、白蟻、甲蟲，而獼猴在利用植物果實的同時，亦有助於種子的傳播。臺灣獼猴的口腔內有兩個頰囊，有儲存食物的功能，當牠們在採集食物時會先把食物放在頰囊內，再到其他安全的地方坐下慢慢享用。獼猴群在遇到危險的時候會發出急促的吼叫聲，並且用力搖動樹枝以虛張聲勢和警告同伴。

臺灣獼猴近年來在野外的數量激增，民眾登山甚至在低海拔的山區都常見猴群出沒，這種現象不知是好是壞，靠近農場的猴群常到果園內採食及破壞果樹，而成為農民厭惡的動物。但聰明的獼猴

不容易捕捉及防治，且限於
臺灣獼猴仍是保育類野生動
物，依法是不得任意捕捉，
令農民傷透腦筋。私人圈養
的臺灣獼猴也令各縣市政府
建設局與消防局大傷腦筋，
常有民眾向寵物店購買獼猴

臺灣獼猴食用果實時，也有助於種子傳播。（劉嘉舜攝）

當寵物飼養，後來才發現飼養潑猴並沒有想像中好玩，牠破壞力很
強，容易咬傷人，飼主不想再繼續飼養就將動物野放到山中，以為
就是功德一件。但就像人類隨意棄養家犬一般，流浪的獼猴已無法
像野生猴自山中採食，只好到附近民家找食物，因此人猴大戰的事
時常發生。

吹箭正中潑猴大腿

　　例如有一回收到消防局的通知，在桃園的一棟山區民宅內常有
一隻雄性獼猴闖入，到處破壞，凶狠無比，屋主不堪其擾，請來消
防局也捉不著牠，只好請求動物園的專家前來協助，而所謂的專
家，不就是動物園獸醫室的這些吹箭高手。獸醫師和獸醫技術員奉
令前往，到達現場時，潑猴正在二樓的空屋內搞破壞，看到人也不

躲開，大搖大擺，行徑甚是囂張，顯然就是曾經被人圈養的動物。

屋主拿了花生來撒在屋內地上，獸醫人員準備好麻藥吹箭，當猴子正吃得高興時，一人從屋外的窗戶埋伏，冷不防的吹出一箭，吹箭正中潑猴大腿內，潑猴嚇了一跳，發現大事不妙，用手拔掉吹箭，拔腿就往屋外逃去，當然獸醫們也不放過，跟著也衝下樓去，追蹤了一會，大家在樹林裡跑得氣喘如牛，幸好麻醉藥發揮了作用，潑猴動作越來越慢，終於從樹上掉下來。「潑猴搞得我全家雞犬不寧，這回換你被欺負了吧！」屋主抓起攤在地上的潑猴，還不忘數落牠一番。

出師勞而無功

還有一次，基隆有隻潑猴更是囂張，只會選擇老弱婦孺攻擊。通常野外的獼猴只有在領域受到侵害時才會出現攻擊動作，但這隻獼猴主動從背後攻擊正在等公車的老太太，一衝向前來就是啃咬婦人小腿及腳後跟，等婦人回過神來，潑猴又轉頭逃之夭夭，一連已有三位婦人受害，基隆市政府也是束手無策，只好求助於動物園。

這回可是苦差事，因為潑猴行蹤不定，動物園出動大批人馬前往支援，據當地市民線報：潑猴每早會出現在靠近馬路的小山坡上。但不知是消息走露，還是潑猴嗅出這大批人馬的來意不善，早

就由密道逃走。當天一早前往即不見潑猴蹤影，一批人馬又不願空手回返，在基隆市政府保育課課長指揮及分配路線下，大批人馬帶著傢伙分頭搜山，這可不是在追查陳進興類的歹徒，完全只為了隻可惡的潑猴。人算不如猴算，潑猴早就不知跑到哪涼快去，還是躲在哪棵高大的樹叢中偷偷笑我們這群傻瓜，只見一個個無窮盡的小山頭上布滿了搜山的人馬。

　　剛開始，大夥還有力氣猛往前衝，接近中午，無情的太陽開始發威，人人汗流浹背，真想將手上沉重的麻醉藥箱丟在一旁，長長的吹箭吹管在穿過樹林時又礙手礙腳，保育課課長在前頭用開山刀幫我們開路，讓大夥不得不咬緊牙關跟上，最後大家還是筋疲力竭，飢腸轆轆，卻連潑猴的影子都沒瞧見，結果這場追猴記就在大夥吃完便當後鳥獸散，留下狡滑的潑猴繼續傷人。但聽說潑猴的好日子也不多，基隆市政府到動物園運了大型捕狗籠來誘捕，狡滑的潑猴最後還是不敵食物的誘惑，乖乖的被捕。

（2004 年 2 月號）

閒話家雞二三事

◎—劉宗平

元智大學科學教育研究中心主任

宋·黃庭堅《次韻答堯民》：「不聞南風絃，同調廣陵散。鶴鳴九天上，肯作家雞伴。」家雞即平日生活中所謂的雞。按照生物學分類，雞屬於鳥綱、雞形目、雉科、原雞屬（*Gallus*），學名 *Gallus gallus domesticus*。

在日常接觸的媒體訊息中，除了家雞之外，還經常會聽到、遇到一些其他種類的雞。有一些雞雖不是家雞，卻帶有一個「雞」的字眼。還有一些外觀看起來很像雞，但卻無「雞」的字眼。一連串糾結在一起的困惑，真是令人不解。為了一探究竟，乃蒐集資料草成此文。

家雞緣起

原雞屬是雉科中的一屬，為體型較大的鳥類。雄鳥羽毛顏色豐富，分佈於印度、斯里蘭卡和東南亞。原雞屬有四種：原雞（*G. gal-*

lus）、黑尾原雞（*G. lafayetii*）、灰原雞（*G. sonneratii*）和綠原雞（*G. varius*）。原雞又名紅原雞、茶花雞，黑尾原雞又名斯里蘭卡原雞、藍喉原雞或錫蘭野雞。灰原雞是一種印度家雞的野外親屬，綠原雞分布於太平洋諸島嶼。

原雞是家雞的祖先，生活在森林地帶，體型較家雞略小。經由長期馴化，逐漸成為今天的家雞，但保有四處覓食、不停地活動等特性。聽覺靈敏、白天視力敏銳。家雞所提供的蛋與肉，是一種廉價且優質的動物性蛋白質來源。

家雞的食性廣泛，會藉助吃進的砂粒，來磨碎食物。肺緊貼於肋骨之上，肺上有許多小支氣管，直接通到九個氣囊。無膀胱，尿與糞便一起排出。尿呈白色，含有尿酸和不溶解尿酸鹽，呈碎屑稀粥狀，混於糞的表面。沒有汗腺，散熱、蒸發主要依靠呼吸。體表披覆豐盛的羽毛，因而怕熱、較不怕冷。

原雞，一雄（左）二雌。攝於印度阿薩姆Kaziranga國家公園。（維基百科提供）

家雞品種

　　家雞的品種很多，依照用途可分為蛋用型、肉用型和兼用型三種。日常生活中，常見的家雞有來亨雞、九斤黃、蘆花雞、烏骨雞，以及臺灣土雞等。

　　來亨雞原產於義大利的來亨（Leghorn，又譯來航）港，飼養歷史超過二千年，是一種著名的蛋用型品種，每年產卵量可高達三百個以上。來亨雞的嘴、腳都是黃色，耳部白色。原產地的來亨雞，羽色有白色、褐色和土黃色等品系，飼養者卻以白來亨雞為主。美國偏好白來亨雞所生的白色蛋，臺灣和日本也以白來亨雞為主，歐洲、韓國和中國大陸則偏好可生褐色蛋的雞。在臺灣現有的雞隻中，只有白來亨雞生白色蛋，其他雞隻生褐色或淡褐色的蛋。其中生產白色蛋的白來亨雞，約佔蛋雞的 90%。

　　原產中國的九斤黃，又名浦東雞、三黃雞，體型碩大，重可達九斤以上。羽、喙、足均為黃色，是著名的肉用型品種，被列為世界標準品種。十九世紀中葉，九斤黃從上海先後引入到英、美、日等國。此品種以其碩大體型、豐滿肌肉和討喜外貌，引起當時英國巨大的轟動，造就了英國養雞史上的「瘋狂九斤黃時代」。在美國，九斤黃被稱為「世界肉雞之王」。之後，許多世界著名的家雞品種，如蘆花雞、洛島紅、洛島白、澳洲黑及名古屋雞、三河雞

等，都是利用九斤黃的優良品質進行選育而成。

　　蘆花雞原產自美國，是蛋肉兼用型斑紋洛克雞。體型橢圓而大，單冠，羽毛黑白相間。公雞斑紋白色寬於黑色，母雞斑紋則寬狹一致。蘆花雞生長快，肉質好，易肥育。年產蛋一百八十～二百個，蛋重 50～60 克，蛋殼呈紅褐色。自國外引進的洛克雞品種，主要有橫斑洛克、淺黃洛克和白洛克三種。淺黃洛克雞和白洛克雞之體型、外貌及生產性能，均與橫斑洛克雞相似，惟全身羽毛分別呈現黃色與白色。

　　中國原產的烏骨雞，簡稱烏雞，不僅喙、眼、腳是烏黑的，而且皮膚、肌肉、骨頭和大部分的內臟也都是烏黑的。其品種有白毛、黑毛和斑毛等三種，統稱為絲羽烏骨雞或竹絲雞。由於源自江西省泰和縣的武山，故又名武山雞。因長得矮、頭小頸短，美國稱其為光滑矮腳雞。其飼養歷史至少有四百餘年。烏骨雞口感細嫩，營養價值遠高於普通

烏骨雞，中國原產品種，飼養歷史至少已四百年。（維基百科提供）

雞，是著名的藥用珍禽之一。因具有鳳冠、綠耳、雙纓、五爪、鬍鬚、白絲毛、毛腳、烏皮、烏肉及烏骨，故又號稱「十全十美」，為雞中魁首。

　　嚴格來說，臺灣並無原種雞，所有飼養的雞種均由外地引進。在漢人移居臺灣之前，原住民已飼養少數的野雞。漢人來臺後，陸續引進大陸華南地區的雞種。明末，荷蘭人帶來了歐洲的品種。日據時代，日本人引進三河雞、名古屋雞等日本品種，也引進了洛島紅、橫斑蘆花、澳洲黑等歐美品種。光復後，引進了更多品種。經兩世紀的飼養、繁殖，產生了不同羽色、膚色與體型的雞種，分散在臺灣各地。因此，所謂的臺灣土雞，應是華南雞種、日本雞種及其他引進臺灣雞種混雜交配的後代。

　　據中華民國養雞協會資料稱，1981 年左右，中興大學及農委會畜產試驗所到全臺各地收集土雞種原，利用育種技術進行選育及保種，保存土雞基因庫及推廣種雞，並培育出著名的臺畜十三號土雞。1999 年，農委會調查全臺土雞種雞場，歸納出臺灣土雞的種類，可分為紅羽（仿）土雞、黑羽小型土雞、竹北（仿）土雞、鬥雞及珍珠雞等。

　　若以飼養環境和消費需求來區分，則臺灣土雞可分成三類。第一類為遺傳與飼養環境均符合要件之本地雞，數量極少，已近絕

跡。因各地民眾喜好不一，各地環境有所差異，致使各地土雞有所不同。第二類為放山雞，多飼養於山坡地之果林間。由於雞隻有廣大的運動空間，故肉質較堅韌、富彈性。第三類為商用土雞，飼養環境和飼養方式類似白肉雞，均為大群同齡雞隻飼養於平飼雞舍內。因空間較大，故砂浴場所較為乾燥，使得雞隻的外表活潑、羽毛光潔。

似雞非雞

除了上述介紹的家雞之外，其實還有很多種類的「雞」。例如，雉雞、勺雞、竹雞、火雞、珠雞、松雞、野雞和山雞等。一旦查看鳥譜時，便會發現牠們顯然都不屬於原雞屬。雞形目下有八個科，雉科是其中之一。不僅如此，在雉科底下，又劃分了三種亞科：吐綬雞亞科、雉亞科和鶉亞科。其中，吐綬雞亞科下有一屬，雉亞科下有十六屬，而鶉亞科下有二十二屬。原雞和雉雞雖同屬雉亞

雉雞有許多亞種，圖為東亞常見的環頸雉。（百度百科提供）

科，但前者為原雞屬，而後者則為雉屬。

雉雞又名環頸雉、野雞，體形略小於家雞，共有三十一個亞種。雄鳥羽色華麗，分布在中國東部的幾個亞種，頸部都有白色頸圈及金屬綠的頸部，形成顯著的對比；尾羽長而有橫斑。雌鳥羽色暗淡，多為褐和棕黃色，且雜以黑斑；尾羽較短。雉雞為雜食性鳥類，棲息於低山丘陵、農田、沼澤草地，以及林緣灌叢、公路邊灌叢與草地中。

勺雞俗名角雞、柳葉雞，是雉亞科中的勺雞屬（*Pucrasia*），廣布於古北界和東洋界。孔雀又名越鳥、南客，隸屬於雉亞科中的孔雀屬（*Pavo*），其品種有二，一為印度和斯里蘭卡所產的藍孔雀，稱為印度孔雀；另一為分佈在緬甸到爪哇的綠孔雀，稱為爪哇孔雀。此外，藍孔雀還有白孔雀和黑孔雀兩型變異種。1936 年所發現的剛果孔雀，其實並非孔雀屬。因其長得像孔雀，故其自成一屬。孔雀雖不帶雞字，但也是雉亞科中的一員，擁有「百鳥之王」的美譽。

在鶉亞科中，值得關注的是竹雞屬（*Bambusicola*）中的竹雞和鶉屬（*Coturnix*）中的鵪鶉。竹雞俗名泥滑滑、竹鷓鴣，羽色豔麗，常在山地、灌叢、草叢、竹林等地方結群活動。倘若不受侵擾，則可在 3～5 米的可視距離內覓食或打鬥。人們常馴化其為鬥鳥，以供觀賞。鵪鶉是一種生性膽怯的鳥類，不喜結群互動，而好成對活動於開闊且有植被覆蓋的平原、牧場和農田等環境中。鵪鶉的肉與

蛋,含有重要的腦素和卵磷脂,是神經活動中不可缺少的營養物質。《本草綱目》記載:它具有補五臟,益中氣,實筋骨等功效。

火雞即吐綬雞,是吐綬雞亞科中的火雞屬(*Meleagris*)家禽,原產於北美洲。發情時,擴翅展尾成扇狀,肉瘤、肉瓣會由紅轉為藍白,故又稱為七面鳥。火雞之體型比一般雞大,重可達 10 公斤以上。在感恩節、聖誕節等重要傳統節日上,美國人都會烹調火雞來慶祝。火雞有兩種,一為分布於北美的野生火雞,另一則為分布在中美洲的眼斑火雞。據說,現代的家火雞是由墨西哥原住民馴化當地野生火雞而得來。

再探珠雞和松雞時,赫然發現牠們已不再屬於雉科了。珠雞又稱珍珠雞、山雞、幾內亞鳥,屬於雞形目、珠雞科中的珠雞屬(*Acryllium*),原產自非洲。牠是一種身體肥胖、頭小的中型陸生鳥類,頭部和頸部的皮膚裸露,多數品種有冠或骨質盔。珠雞肉質鮮美、細嫩,是高蛋白、低脂肪肉類,現已廣為人工養殖。松雞又稱

鳥類圖鑑上的松雞,左為雄、右為雌。(維基百科提供)

為西方松雞，屬雞形目、松雞科、松雞屬（*Tetrao*）中最大的成員，約長100厘米，重4公斤，眼睛上方有一層顯眼的紅色皮膚。牠們分佈在歐洲北部及亞洲，其求愛方式十分地特別、有趣。

通常，人們把雞形目中體形較大的鳥統稱為「雞」，而將體形較小的一些鳥稱為「鶉」。在鳥類DNA的分類系統中，林鶉科和擬鶉科不再屬於雞形目，而是歸之於鶴形目。由於雞形目鳥類的腿腳強健，擅長在地面奔跑，按生態習性，稱其為陸禽。本目中的鳥類有些體態雄健優美、色彩艷麗，其中不少是珍稀物種和經濟物種，與人類生活間的關係非常地密切。

家禽點滴

鳥是兩足、恆溫、卵生的脊椎動物，身披羽毛，前肢演化成翅膀，有堅硬的喙。全世界為人所知的鳥類，至今已有九千多種。翻開鳥綱來看時，將會見到蜥鳥、反鳥和今鳥三個亞綱。今鳥亞綱有四個總目，分別為齒顎、古顎、楔翼和今顎。今顎總目下有二十二目，種類琳瑯滿目、光燦奪目，雞形目便在其中。

《梁書·處士傳·何胤》：「有異鳥如鶴，紅色，集講堂，馴狎如家禽焉。」家禽，就是人工馴養的禽類，如雞、鴨、鵝、火雞、鵪鶉等。其中，鴨、鵝屬於今顎總目、雁形目、鴨科，肉、蛋

可食用，羽毛可加工成保溫材料。此外，鴛鴦、潛鴨、天鵝以及各種鴨類和雁類，也都是鴨科中的一員。

雁形目的鳥類均為游禽，體型大小不一，食性多樣，可棲息於各種水域環境中。本目鳥頭較大，有些擁有明顯冠羽，喙多扁平形，尖端有嘴甲，且多為長頸。此型鳥類腳短，多著生在身體的中後部，跗跖前側覆蓋網狀磷。三趾向前，有蹼或半蹼相連。一趾向後，較其他三趾為短，行走中不接觸地面。鳥尾脂腺發達，分泌的油脂經由喙塗布在羽毛上，可增加疏水性來保持體態。

鴨、鵝雖同屬鴨科，但鴨為鴨屬，而鵝則為雁屬。從生物學的觀點來看，鵝並非是一個獨立的物種，只能視為鴻雁或者灰雁的一個變種或亞種，是人類馴化的第一種家禽。現在，普遍認為中國家鵝來自鴻雁，而歐洲家鵝則來自灰雁。天鵝與鵝並非同種，牠是鴨科中的天鵝屬（*Cygnus*），是一個獨立的物種。除了非洲以外的各大洲，天鵝屬都有野生種或亞種分布。白色的四種天鵝分布在北半球，稱為白天鵝或北天鵝。黑色的黑天鵝分布在澳大利亞，黑頸天鵝分布於南美洲，牠們與另一屬的扁嘴鵝合稱為南天鵝。

常聽人說：「只要是動物，廣州人都敢吃。」然而，專家千叮萬囑：「莫吃禽尖翅」。所謂「尖翅」，就是雞、鴨、鵝等禽類屁股上端長尾毛的部位。肉肥嫩，學名「腔上囊」，是禽類淋巴腺體

集中的地方。淋巴腺中的巨噬細胞，具有很強的吞噬病菌和病毒的能力，即使是致癌物質（如多環芳烴、黴菌毒素等）也能吞食。由於儲存在囊內之物無法分解，尖翅遂形成藏污納垢的「倉庫」。

雞血中含鐵量較高，且以血紅素鐵的形式存在，易於人體的吸收、利用。雞血可清除腸腔內的沉渣濁垢，有利腸、通便之效。對塵埃、金屬微粒等有害物質，有淨化作用，可避免累積性中毒，是人體污物的「清道夫」。雞血中的凝血酶，能使血溶膠狀態纖維蛋白質迅速形成不溶性纖維蛋白，使血液凝固，有止血作用。雞血還能為人體提供優質蛋白質和多種微量元素，對營養不良、腎臟疾患、心血管疾病和病後的調養都有益處。

談雞，不免想起雞群中流行的烈性傳染病—禽流感，不寒而慄。然而，《韓詩外傳》中讚美雞為「五德之禽」，又不得不對其另眼相看。本文閒話家雞二三事，乃拋磚引玉，願與讀者分享。文中所附圖片，源自維基百科和百度百科，謹此致謝。

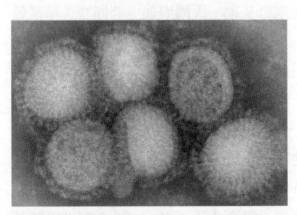

電子顯微鏡下的禽流感病毒（H1N1）。（維基百科提供）

先有雞還是先有雞蛋？

◎─沈致遠

前杜邦研究院院士

先有雞還是先有雞蛋？這是一個著名的難題，古今中外很多人都曾試圖回答：說先有雞，孵出這隻雞的雞蛋更在先；說先有雞蛋，下這個雞蛋的雞更在先。這樣反覆下去沒完沒了，形成迴圈悖論，在此邏輯框架內不可能有答案。但沒有答案不等於沒有價值，通過探討這個問題，至少可以學到一些東西。下面讓我試試看。

雞這一物種是現實存在的，達爾文的演化論告訴我們：任何物種都有起源和演化的過程。「先有雞還是先有雞蛋」應該有答案。既然如此，為什麼又成了無答案的悖論了呢？原因在於任何命題都是對現實在一定前提條件下的簡化，都有其適用範圍。「先有雞還是先有雞蛋」之所以成為悖論，是由於人們心目中有兩個不言而喻的前提條件：雞都是由雞蛋孵出來的，雞蛋都是由雞下的。承認這兩個條件，實際上已否定了答案的存在，注定成為悖論，想突破就

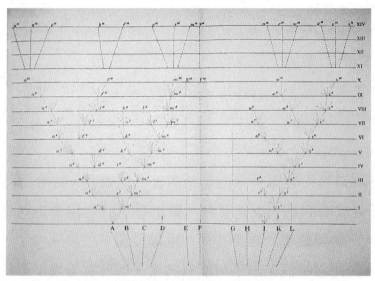

達爾文《物種原始》解釋物種分化的插圖。（維基百科提供）

必須超越這些前提條件，跳出原來的邏輯框架。

　　演化論告訴我們，雞這個物種是由別的物種演化來的，而物種的改變主要是基因突變所致。據此，就有可能發現「先有雞還是先有雞蛋」答案的線索。從基因突變視角看有兩種可能：一種可能是，基因突變發生在「先雞」，使這種先於雞的非雞變為雞，這樣答案就是先有雞；另一種可能是，基因突變發生在蛋，使它由非雞蛋變為雞蛋，這樣答案就是先有雞蛋。雞是多細胞的個體，而蛋則是單細胞的。明乎此，就可以作出適當的選擇。

基因突變是極為稀有的事件，假設單個細胞的基因發生突變的概率是 p，蛋中胚胎的基因發生從非雞蛋變為雞蛋的突變概率也是 p，胚胎的基因突變概率雖然很小，還是有可能發生。多細胞的「先雞」全身的細胞得一起發生突變才能變為雞，這實際上是不可能的，理由可從概率論推出：同樣假設「先雞」的單個細胞基因突變概率為 p，構成「先雞」的 n 個細胞一起獨立發生基因突變的概率為 pn（p 連乘 n 次）。由於 p 是很小的數（小於萬分之一），而 n 是極大的數（約為萬億數量級），這樣 pn 的數值就非常接近零。換言之，「先雞」全身細胞一起發生基因突變這種事根本不可能發生；據此，答案應該是先有雞蛋。

　　果然，最近基因專家說話了：先有雞蛋！據英國廣播公司（BBC）報導：諾丁漢大學（Nottingham University）基因學專家布洛克費爾特（John Brookfield）教授說：「屬於此物種的第一個活體毫不含糊地是第一個蛋，所以我的結論是蛋在先。」他解釋說：第一隻雞是從一枚蛋的胚胎中開始的，這意味著雞和蛋具有同樣的 DNA（去氧核糖核酸為基因的物質載體），基因物質在動物的一生中不會改變。

　　這是否就是「先有雞還是先有雞蛋」的答案呢？還不能完全肯定。實際上，從先雞到雞的演化過程更為複雜。除了上述因素以

外，至少還有三個因素應該加以考慮。

其一：達爾文演化論原理是「物競天擇，適者生存」，像雞這樣的家養動物，其選擇機制是人的需求。（順便一提：達爾文在乘「小獵犬號」軍艦環球考察回到英國後，又對家養動物進行研究，綜合二者結果後，才提出演化論。）在「先雞」演化成雞的人工選擇過程中，肉質佳和多生蛋是主要考慮因素，飼養人進行這種選擇主要是對雞的性狀進行觀察。所以就人工選擇機制而言，雞的作用不容忽視。

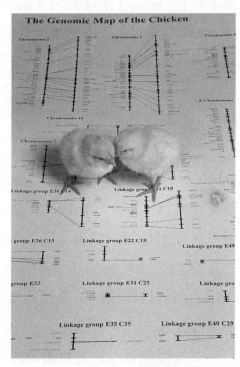

小雞與雞的基因組序列。（維基百科提供）

其二：基因突變固然發生在胚胎，但這胚胎在蛋未下時就已形成。突變是胚胎在「先雞」腹中時就已經發生，還是在下蛋以後才發生？這我就不知道了。如果基因突變發生在「先雞」腹中的胚胎，那時蛋還未成形，這算不算先有雞蛋呢？

其三：雞這個物種可能不是

經由一次基因改變形成的。雞和「先雞」的性狀有較顯著差別，這可能是多次基因突變的積累效應所致。再者，雞是有性繁殖，由公雞和母雞交配所產生的基因組合，使得孵出的下一代雞雛與親代略有不同。這樣看來，「先有雞還是先有雞蛋」的界線就變得模糊不清了，答案不僅取決於客觀的多次基因突變和組合，還與主觀的命名定義有關：「先雞」被家養之後改變到什麼程度才稱之為雞？這要向名學家和考古學家請教。總之，從「先雞」到雞的進化並非一蹴而成，而是經過許多小步驟逐漸積累而成的，問題是：在此漸變過程何處畫線區分？

我既非生物學家也非名學家、更不懂考古學，沒有能力作進一步的探討。但我相信答案應該是有的，「先有雞還是先有雞蛋」這個命題已經跳出了邏輯悖論，成為科學研究的課題，群策群力沿這條路走下去，會找到答案的，有興趣的讀者不妨試試。

不管怎樣，通過對這個命題的初步探討，已從中學到一些東西。

其一，邏輯推理一定有前提條件，對之千萬不能忽視；否則，就可能形成悖論，甚至會鬧出笑話。愛因斯坦在 1953 年給斯威澤（J. E. Switzer）的信說：「西方科學的發展是以兩個偉大成就為基礎：希臘哲學家（在歐氏幾何學中）發明了形式邏輯體系，以及

（在文藝復興時期）發現通過系統的實驗有可能找出因果關係。」由此可見，對科學研究而言，邏輯推理非常重要，對其前提條件不能掉以輕心。

其二，如在原先的邏輯框架內遇到困難怎麼辦？跳出去！回到現實世界中去考察，建立新的更符合實際的邏輯體系。在「山重水複疑無路」時，敢不敢跳出原先的邏輯框架？這往往是能否「柳暗花明又一村」的關鍵。具有創意的科學家都懂得這個道理。

其三，任何理論都是對現實的某種簡化，難免忽略一些因素。「先有雞還是先有雞蛋」之所以成為悖論，就是忽略了物種演化的結果。證應了哥德的名言：「一切理論都是灰色的，而生命之樹常青。」《浮士德》。旨哉斯言！

（2006 年 12 月號）

狗事一籮筐

◎─楊龢之

這個世界上，同一物種而外型差異最大的，大概非狗莫屬了。不管是體重可能超過一百公斤的英國獒犬，或是還不到一公斤的吉娃娃，就生物分類的角度看都是家犬，學名 *Canis familiaris*。

另一方面，野生狼的染色體數、序也和牠們完全一樣，但一般都將之列為同屬的另一種──*Canis lupuss*，嚴格說來這很不精確。狗由狼馴化而來，並非另一物種，不該有不同的學名才對。這顯示人類對狗特別偏愛，以致連基本的學術規範也不管了。

犬種知多少

所有家畜中，狗可說是最早進入人類社會的。大約一萬年前，世界上許多民族都不約而同的將附近的野狼「納編」。為什麼獨得青睞呢？因為牠不挑食，繁殖又容易，更重要的是天性與人類的社會結構絲絲入扣。野生狼是階級穩定的群居動物，小狼長大取得固

定身分，便會長期遵守本分，服從上級、愛護下級。進入人群後自然而然將這套遊戲規則搬過來，將主人看作是必需無條件效忠的「狼王」。這個特質，與其說是人類最好的朋友，倒不如說是最佳奴隸來得恰當。

野生狼普遍分布於北半球，從熱帶到寒帶都有，長期為適應環境已經特化成許多不同亞種，再由各地土著分別馴化。由於被馴養原種的差異，比較原始的犬種，大約可分豎耳垂尾的牧羊犬類、身瘦腿長的細犬類、豎耳捲尾的笨狗類、闊嘴垂耳的獒犬類、垂耳平尾的獵犬類，以及比較少見的黑舌犬類等等。然而不管是四大犬系、五大犬系或六大犬系，哪種分類法總是有人不服氣，爭論起來沒多大意思。

狗的原種已經夠複雜，再經異品種交配及選擇性繁殖，結果就千奇百怪了。今天到底有多少狗種呢？這可難說得很，不同國家養狗協會的認定標準不一，少則一百出頭，多的將近兩百種。加上有些你承認我不承認、我承認你不承認；有的認為是一種、有的認為是兩種等等，所謂「純種犬」的種數多得誰也講不清。

其實這都是人類選擇性繁殖的結果，並不表示就是維持祖先型態，不曾與不同品種雜交的狗種。比如杜賓狗就是狼犬、羅威那、大丹、萬能犬等等的混種，硬說牠屬於哪個犬系毫無意義。因此，

今天所有犬展對參賽犬種的區分，差不多都不講原始犬系，而以用途區分為六大類：獵獸犬、獵鳥犬、工作犬、㹴犬、玩賞犬和非獵犬。

古人的香肉觀

中國古人對狗的分類也有異曲同工之妙，不外是看家的守犬（或稱吠犬）、打獵的田犬，以及殺來吃的食犬三種，後來社會更進步、更富裕之後，才又出現玩賞用的弄犬。

《禮記・少儀》說：接收別人移交的守犬、田犬之後，要問狗的名字。為了便於使喚指揮，這是當然的。而準備下鍋的食犬雖然不需要名字，但也馬虎不得。《周禮・秋官・犬人》規定王宮裡養狗的人員包括：「下士二人、府一人、史二人、賈四人、徒十有六人。」這二十五個「狗官」主要是負責以狗作為祭祀、殉葬方面的業務。

狗肉既用於祭祀，自然絕非不登大雅之物。事實上，當年越王句踐為了鼓勵生產，下令國內人民凡生男孩的賞狗一頭、酒一壺，生女孩賞豬一頭、酒一壺。他的目的是為了增加兵役人口，當然是重男輕女，因而至少在春秋末年之前，狗肉比豬肉貴重得多。

正因為是「高檔肉品」，所以規矩不少。《禮記》許多篇目分

別提到食犬的林林總總。比如必須閹割、腿後沒毛而舉動急躁的肉質不佳、要在堂屋的東北方向烹煮、要與小米同食等等。特別必須要講究的是，吃狗肉最好在夏天，理由是犬屬西方，五行為金；夏天則為南方，五行為火，火剋金，所以在大熱天吃狗肉最有效益。

有些老廣可能不以為然，香肉不是要加八角、橘子皮和一些中藥好好燉一大鍋，在冬天進補的嗎？其實古人不但在夏天吃，而且通常是白煮，食用時再沾醬，這才能保持原味。孔老夫子說：「非其醬不食。」大概是覺得作料不能配套的話，就糟蹋了這一難得的美味。

今天一般韓國人吃香肉，通常還是在夏天，還是白煮沾醬。可見人家是遵循古法，反倒是咱們自己變了。

現代人多半覺得吃狗肉很殘忍，但很抱歉，咱們的老祖宗可不這麼認為。為免倒胃口，這一部分就不深談了。

何謂「狗寶」？

狗身上還有一種東西，也和吃有部分關係，那就是「狗寶」，一種專治噎食和各種膿瘡的昂貴中藥。這東西與「牛黃」、「馬寶」齊名，只有極少數狗的肚子裡才有。因為難得，所以明代宮中規定，皇家飼養的牛、馬、狗死了，必須剖腹驗過有沒有「寶」才

能銷毀。

狗寶模樣據說像帶青色的白石頭，而有層層疊疊的紋理；抱歉，在下沒看過，沒法說得更清楚。其實這就是狗肚子裡的結石。明代李時珍很明白，他說：什麼牛

新石器時代的陶狗。

黃、狗寶、鹿玉、通天犀角等等，都是「物之病也」，而人類把它當寶；他還說：人類的膀胱結石，其實和這些「寶」的意義是一樣的。

早在幾百年前就有這樣的認識，真是讓人又驚訝又佩服。李時珍還說：狗寶多長在癩痢狗的肚子裡。因此千萬別小看街頭的流浪犬，說不定那就是寶。

超炫的獵狗

人類進入農耕社會後，打獵已經不是主要生產方式，往往成為休閒活動了，古今中外不少有權、有錢、又有閒者都頗好此道。而打獵又少不了獵狗，古代叫做「田犬」。

中國最早關於田犬的敘述，應是《詩・齊風・盧令》：「盧令

令，盧重環，盧重鋂。」「盧」的本意是黑色，或許那是頭黑狗，「盧」正如同今天說「小黑」。「令令」是狗頸下所繫環所發出的聲音；「重環」是兩層環；「重鋂」是戴著兩個大鎖。兩千多年前那頭「小黑」的裝備還滿複雜的。

《詩‧秦風‧駟鐵》說：「輶車鸞鑣，載獫歇驕。」「獫」是尖嘴狗，「歇驕」是短嘴狗。秦國地處西陲，前者說不定是來自中亞的細犬。獵狗放在裝飾華麗的車上，是為了節省體力，以便追逐獵物時能發揮最大功效。

除了狗，鷹也是富貴人家打獵的必備之物，所以合稱「鷹犬」。先秦以前異種不多，以後幅員擴大就越來越講究了。鷹的極品是產自遼東的「海東青」，也就是遊隼。而狗則以身高腿長的細犬為最，清初郎世寧所畫的「十駿犬圖」當中，就有九頭是這種狗。很面熟？不錯，正是美國灰狗巴士的標誌，世界上許多跑狗場都使用的 Greyhound。

這種狗原產中亞，皇家引進雖不困難，但除了打獵之外沒什麼用，因此除了西部地區之外，一般民間終究少見。清乾隆年間的探花趙翼在《陔餘叢考》裡提到牠，說是像長了四條長腿的蛇。

同樣是因為少見多怪，所以又有「鷹背狗」之說。據說有一種黑鷹，凡是下了三枚蛋，其中就會孵出一隻狗。當地官員派人將牠

六朝時中亞的細犬已引進中國，後來明宣宗所畫的這幅是其中一個支系，被稱為「鷹背狗」的 Saluki。

抓來，養大後獻給朝廷。打獵時和老鷹的默契極佳。

這類講法可能始於元初劉郁的《西使記》，後來陶宗儀的《輟耕錄》附和之，李時珍的《本草綱目》照錄不誤，遂令許多人深信不疑。而那其實是 Greyhound 的親戚，原產中東地區的沙路其獵犬（Saluki），大約原產地民族習慣用牠配合獵鷹行獵，以致展轉訛傳變成這樣的「天方夜譚」。此事說來話長，如有興趣，可參閱拙著《鷹背狗考》（《中華科技史學刊》第十三期），在此就不多談了。

勇猛忠心的笨狗

　　一般人不常打獵，養狗多半是為了看家和護衛，而就經濟和實用的角度看，中國土產的笨狗可說是上上之選。這種狗智商其實不算低，為何叫笨狗呢？或許是因為模樣不如洋狗那麼花俏，又或許是「本狗」的變音，沒有研究不敢冒充內行。總之，這類狗不但忠心、勇猛，而且不嬌生慣養，就算長的笨一點又算得了什麼？

東漢時代的看家笨狗，用胸腹輓法是因為狗太獰猛，怕一用力傷了喉嚨。

　　一般說來笨狗體型不大，耳朵豎或半豎、尾巴或捲或否，沒個標準。古人養狗很實際，注重的是管用。才不像今天以參加犬展為目的人專講什麼「審查標準」，所以見諸古代雕塑、器物裡的笨狗，型態頗不一致。

　　最早出名的一頭護衛犬，是春秋時期晉靈公養的。他少年即位，玩心未退，偏偏輔政大臣趙盾整天在旁嘮嘮叨叨，心裡很不痛快。有天得到了一頭叫做「獒」的大狗，心一橫，乾脆在

對方囉唆完離開時放狗咬人。幸虧趙盾身旁孔武有力的隨扈提彌明將其格殺，才免了一場昏君放狗咬死大臣的悲劇。

這「咬人不成身先死」的傢伙，可能是頭體型特大的笨狗，也可能是北方胡地引進，後來稱「韃子狗」的大型蒙古狗近親。史料沒說清楚難以斷定。

「獒」最初很可能是那頭猛犬的名字。不過後來國人觀念中多認為「犬四尺為獒」。古尺約相當 23 公分，四尺相當於 92 公分。今天各國主要養犬協會多以肩高二呎六吋（約 81 公分）以上者為超大型犬，能達此一門檻的狗種不多。「四尺」的龐然大物雖非絕無，但仍屬相當罕見。在通常只能看到笨狗的春秋時代，當然就更不得了了。

笨狗只是個泛稱，這類狗還包括紀州、四國、甲斐之類的日本狗、韓國的珍島犬，以及近在咱們身邊的臺灣土狗。

臺灣犬滄桑

說了半天，也該談談本地土狗了。今天習見的「南瓜頭、山羌腳、鐮刀尾」而且舌有黑斑的臺灣犬，說起滿有一段滄桑的。

話說過去沒有保持固有種的概念，日漸開發引進外來各式各樣犬種之後，臺灣狗種早就混血得一塌糊塗了。後來有個日本教授為

了研究日本民族根源而來臺調查本土狗種,因為人類搬家通常會將狗也帶走,找出狗的血緣關係可以間接證明人種的遷徙路線。可是真正的臺灣犬是什麼樣子呢?經過有心人訪查一些老人家,回憶小時候見過的模樣,於是在偏僻山地找到一些類似者加以繁殖。並且像拼圖遊戲一樣,凡是耳朵垂下的、身高不符的、舌上沒黑斑的……都一一淘汰。最後隻隻都像同一個模子印出來的,但其 DNA 還是不是維持原來的百分之百,那可就不敢說了。

將近三百年前的《番社采風圖》中曾經出現三隻獵鹿的狗,從外型看來蠻像現在復原的臺灣狗,但其中一頭是黑白花的。可見僅限於黑、黃、虎斑三色的認定標準,恐怕是有點走火入魔了。

《番社采風圖》中將近三百年前的臺灣土狗。

臺灣還曾經有一種大狗。1763 年，鳳山縣學教諭朱仕玠的《小琉球漫誌》說：「番犬大如黃犢，吠聲殊異。剪其雙耳」，價格高的要三、四萬文。還說他曾在臺灣道衙門看到一頭六七十斤重的。

這種狗應該是荷蘭人留下的，那是為了做生意而準備的。《巴達維亞日記》曾記載，當年日本的平戶領主曾轉達幕府將軍的要求，希望荷蘭人提供兩頭最大的狗，這個負責外貿管理的官員還說，他自己也要兩頭。

荷蘭人所能弄到的大狗莫如在歐洲相當普遍各種 mastiff。事實上，今天專用來打鬥的日本土佐犬，就是其引進的 mastiff 與日本土產犬雜交的後代。臺灣是荷蘭人往日本貿易路線的中繼點，若留下幾隻也在情理之中。這種巨犬以黃色者居多，而且直到今天，許多 mastiff 系統的狗都還習慣要剪耳，朱仕玠形容其像「黃犢」、「剪其雙耳」，是滿貼切的。

這種狗後來怎麼好像不見了呢？一方面可能是混血混掉了，一方面可能是食量太大，從「算經濟帳」的角度被淘汰了。

（2006 年 1 月號）

古畫中的細犬和沙克犬

◎──張之傑

語云百聞不如一見，美術（繪畫、雕塑、工藝等）是一種重要的史料，有時文字史料闕如，美術史料卻留下事證。

本文所談的細犬和沙克犬就是個例子。古書上常有獵犬的記載，但從文本看不出是什麼犬。筆者經常翻閱畫冊，不經意地發現，古人所說的獵犬，主要指的細犬；更讓我驚喜的是，古畫中還有沙克犬呢！

所謂細犬，就是原產埃及或中東的greyhound（格雷伊獵犬），古籍上大多稱為靈猩。細犬（或細狗）是民間的稱呼。《西遊記》第六回：孫悟空「被二郎爺爺的細犬趕上，照腿肚子上一口，又扯了一跌。」這才被擒。可見吳承恩時代，民間已將格雷伊獵犬稱為細犬

Of the *GRAY-HOUND*, with a narration of all strong and great hunting *DOGS*.

十六世紀的英國細犬版畫。（維基百科提供）

了。

　　細犬體呈流線形，頭部窄長，嘴巴尖突，肋骨外露，腰特別細，腿長有力，體態高挑優雅。短跑速度可達 72 公里／小時，是狗中跑得最快的，適合在開展的環境追捕黃羊（瞪羚）、鹿等奔跑快速的獵物。

　　至於沙克犬，英名 saluki，又名 gazelle hound（瞪羚獵犬），或 Persian greyhound（波斯格雷伊獵犬）。沙克犬為大陸養狗界稱謂。臺灣沿用大陸名稱，或音譯為薩魯奇獵犬。從出土的蘇美文物看來，此犬的飼育歷史可能較細犬更早。除了耳部和尾部有披散的長毛，其餘都和細犬很像，奔跑也很迅速，因此人們一直認為細犬和沙克犬同源。近年經 DNA 檢測，發現細犬和牧羊犬的親緣較近，有關細犬的歷史有了和過往不同的看法。

　　以下就把翻閱畫冊的一點心得，依照歷史先後，寫出來和讀者分享吧。

　　《中國漢畫圖典》（浙江攝影出版社，1997）在「靈異‧動物」項下，輯有不少獵犬，有些吻部尖突，腰細腿長，可確定為細犬。漢畫大多取自民間墓葬，可見遠在漢代，細犬在華北已相當普遍。

　　章懷太子墓壁畫〈狩獵出行圖〉，很多畫冊收載，就筆者所經

眼，以日本講談社的巨幅畫冊《中國の美術II》（1978）最為清晰。此圖繪騎士數十人，前呼後擁，其中數人懷抱細犬，數人架鷹，馬背上還出現獵豹、沙漠猞猁（獰貓）等助獵動物，是研究唐代中外交通史和狩獵史的重要史料。章懷太子李賢是武則天的次子，被武氏賜死，唐室重光，朝廷為之造墓，陪葬乾陵。

前環保署長張隆盛先生雅好收集古代犬俑，輯有《中國古犬》一書（十竹書屋，1994），內有漢代奔跑細犬俑一尊、六朝俯臥細犬俑兩尊、唐代蹲坐細犬俑一尊、元代蹲坐細犬俑一尊、明代蹲坐細犬俑一尊、清代蹲坐細犬俑兩尊。這些犬俑大多是陪葬的明器，可見細犬源遠流長，一直受人喜愛。

台北故宮博物院出版的《畫馬名品特展圖錄》（1990），收五代・後唐・胡瓌〈回獵圖〉，繪三位契丹騎士，其中兩人用胸兜懷抱獵犬，另一人的馬背後方趴著一

五代・胡瓌〈回獵圖〉局部。騎者以胸兜所懷抱獵犬為沙克犬。

隻細犬，描繪精細，毫髮不失。從耳毛和尾毛來看，可確定是沙克犬，這是筆者所知中國最早的沙克犬史料。胡瓌，范陽人，或謂契丹人，擅繪北方游牧民族事物。

宋代畫院畫家李迪，原為宣和朝畫師，宋室南遷，逃到南方復職。李迪長於寫生，擅繪花鳥動物，所作〈獵犬圖〉，現藏北京故宮博物院，畫幅只有一隻獵犬，其耳毛、尾毛較長，大概是隻沙克犬，但血統似乎不純。

《畫馬名品特展圖錄》收元代宮廷畫家劉貫道的〈元世祖出獵圖〉，此圖繪元世祖忽必烈及其侍從出獵情景，元世祖著紅衣披白裘，隨從九人，有人架鷹，有人馬背上馱著獵豹，地上有隻細犬。黃沙浩瀚，朔漠無垠，這樣的環境正是細犬和獵豹一展身手的場所。

明宣宗是宋徽宗之外另一位擅長丹青的畫家皇帝，他的〈萱花雙犬〉現藏哈佛大學沙可樂博物館，畫幅中的「雙犬」即沙克犬。明宣宗將沙克犬的形態畫得唯妙唯肖。永樂、宣德年間，中國和西亞交流頻繁，經由進貢或其他途徑，宮苑中有沙克犬不足為奇。

郎世寧曾為乾隆皇帝繪「十駿犬」，現藏台北故宮博物院，除了一隻藏獒，其餘都是細犬。波希米亞籍的宮廷畫家艾啟蒙，也畫過「十駿犬」，現藏北京故宮博物院，全部都是細犬。可見乾隆皇

郎世寧十駿犬，圖為其中一局部。

帝對細犬的偏愛。清代的皇家獵場——木蘭圍場，位於河北東北部的壩上草原。在開展的草原行獵，自以奔跑迅速的細犬最為適宜。

以上論述只能追溯至漢代。漢代以前，由於缺少美術史料，我們無法知道秦及先秦的獵犬是什麼犬。學者研究，漢武帝通西域之前，中西交通早已開始。根據何炳棣先生名著《黃土與中國農業的起源》（香港中文大學，1969），黃河流域自古乾旱，地貌以草原為主，在這樣的環境狩獵，當然以細犬和沙克犬最為適宜。不過細犬和沙克犬是否漢代以前即已進入中國，一時很難給出答案。

（本文圖片由作者提供）

談豬

◎—張之傑

豬是人類最早飼養的家畜之一。考古學家告訴我們，早在新石器時代早期，豬就進入人類的生活圈子，成為一種家畜。國字的「家」，從宀、從豕，不正說明豬和人類源遠流長的關係嗎？

現今的家豬有很多品種，那麼我們新石器時代老祖宗所飼養的家豬是個什麼樣子？答案很簡單，家豬源自野豬，最初的家豬和野豬肯定沒什麼分別。經過長期人擇，原本一色一樣的野豬，逐漸演變得和野豬不一樣了。

從野豬到家豬

野豬和家豬有什麼不同？差異可真不少，就挑重點來說吧。其一，野豬的小豬崽子身上有條紋，家豬沒有。其二，野豬的前半身（前肢以前的部分）約占全身三分之二，看起來前胸大、臀部小；家豬剛好反過來（這樣肉才多）。其三，野豬的吻部和獠牙較長，

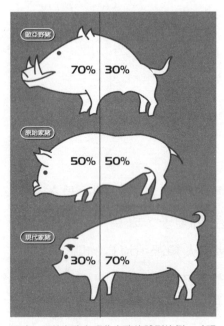

歐亞野豬　70%　30%

原始家豬　50%　50%

現代家豬　30%　70%

野豬、原始家豬與現代家豬的體型比例。（張
　路西繪製）

家豬較短（這樣才不具攻擊力）。其四，野豬毛較密，家豬的毛稀疏（這樣才便於拔毛）。這些形態上的差異都是人擇的結果。關於野豬小豬崽子的條紋，還曾激起楊龢之先生質疑：人擇幹嘛將這一無關馴化的性狀也擇掉了？

　　當然嘍，從野豬到現代家豬絕非一蹴可幾。距今 7000～6000 年，以浙江餘姚為中心的河姆渡文化，已過農耕生活，餘姚曾出土一河姆渡文化小陶豬，腹部下垂、四肢短促，前後身的比例約 1：1，和野豬相去甚遠。可見遠在六千～七千年前，人們養豬已有悠久的歷史，否則和野豬不可能有那麼大的差異。

　　距今約 6300～4500 年，以山東泰山為中心的大汶口文化，屬於新石器時代中後期，在膠縣三里河曾出土一陶鬹（音規，為三足陶製炊具），是大汶口文化的代表性器物。這個陶豬吻部很短，脊背平直，腰臀肥壯，體型已趨近現代家豬。大汶口文化的後期已接近

信史時期，因而三代（夏商周）的豬，肯定已豬模豬樣了。

儘管家豬有很多品種，但不論什麼品種，都和野豬共用一個學名（*Sus scrofa*），表示家豬和野豬仍然屬於同一「種」，套句演化生物學的話，牠們還沒達到「遺傳隔離」的程度，野豬和家豬交配，仍然可以生出正常的子嗣，牠們的血緣仍是分不開的。

河姆渡文化的陶豬，體型和野豬已相去甚遠。（作者提供）

河姆渡文化的陶盆，線畫顯現原始家豬特徵。（作者提供）

衰衰「豬」公

豬科有五屬、十六種，其中豬屬（*Sus*）就占了十種，只有歐亞野豬（*S. scrofa*，以下簡稱野豬）能夠馴化。根據老友賴景陽先生編的《世界哺乳動物名典》，野豬有三十個亞種。根據臺灣畜產試驗

大汶口文化的陶鬶，體型已近似現代家豬。（作者提供）

東漢陶盤上的豬，已和現代家豬沒什麼差異。（作者提供）

所林德育的文章，中國的家豬由華北亞種和華南亞種馴化而成，華南亞種分布長江流域至海南島和臺灣。那麼臺灣的家豬呢？原住民養的豬，不過是豢養的野豬，算不上家豬；在洋豬沒輸入前，臺灣的家豬都是閩粵移民帶來的「中國豬」！

演化生物學有項基本理論——同源，意思是說，同一物種，不可能有兩個起源。野豬可能源自西伯利亞，冰河時期南移，逐漸散布至歐亞大陸及北非各地。由於撒哈拉沙漠的阻擋，南部非洲沒有野豬，甚至沒有豬屬。南部非洲的豬科動物——林豬屬（*Hylochoerus*）、疣豬屬（*Phacochoerus*）、非洲野豬屬（*Potamochoerus*），都不能馴化。各大洲的生物資源本來就不平等嘛！南部非洲號稱動物

淵藪，但缺少可供馴養的大型動物，人類學家認為，這是文明落後的原因之一。

美洲呢？美洲沒有豬科動物。美洲原產的西貒，屬西貒科（*Tayassuidae*），有二屬、三種，樣子很像豬，但沒有一種可以馴化。家豬進入美洲，是哥倫布發現新大陸以後的事。1493年，哥倫布二度前往美洲，帶去馬、牛、山羊、綿羊和一群小豬，後來陸續有人帶去，經過放養，不少成為野豬。到了二十世紀中葉，單是美國，估計就有三百萬頭野豬！美洲從無豬成為豬的樂園。

疣豬，屬豬科，一屬二種，產非洲草原。

西貒，屬西貒科，二屬三種，產美洲。（圖片來源／維基百科）

中國豬滄桑

世界上養豬最多的國家就是中國，其次是美國，再其次是俄

國。中國不但養豬最多，而且也是品種的淵藪。原先約有五百個品種，現今僅餘五十個左右。明·李時珍《本草綱目》：「生青、兗、徐、淮者耳大；生燕、冀者皮厚；生梁、雍者足短；生遼東者頭白；生豫州者喙短；生江南者耳小，謂之江豬；生嶺南者白而極肥。」說明中國的豬種不一定都是黑毛豬，也有白頭或白身的。事實上，中國的白毛豬由來已久，《後漢書·朱浮傳》：「往時遼東有豕，生子白頭，異而獻之，行至河東，見群豕皆白，懷慚而還。」可見遠在漢代，白毛豬已很普遍。

中國豬以早熟、易肥、耐粗食、繁殖力強等特點著稱於世。漢、唐以來，隨著海上交通事業的發達，中國豬相繼傳入歐洲。遠在羅馬帝國時代，白毛的華南豬就被引入羅馬，和本地品種雜交，產生了所謂的羅馬豬。羅馬豬是歐洲豬種的重要來源，歐洲豬幾乎都淌著中國豬的血液。到了十八世紀初，英國人又引進廣東豬，和本地豬雜交，育成聞名的約克夏種（大白豬）；他如英國的巴克夏、美國的波中豬，都是中國豬和本地豬的雜交種，無怪乎達爾文曾說：「中國豬在改良歐洲豬的品種上，具有極高的價值。」

然而，當歐洲競相引進中國豬，育成更理想的新品種時，中國的育種事業卻停滯不前。演變到後來中國反而要從歐美引進豬種，固有品種日益凋零。中國大陸如此，臺灣更是如此，以當前的臺灣

養豬事業來說，飼養最多的兩種白毛豬（約克夏、藍瑞斯）及一種紅毛豬（杜洛克），分別來自英國、丹麥和美國。這三種豬都有生長快、瘦肉多的特點，是我們所吃豬肉的主要來源。

臺灣本地產的桃園豬呢？除了偏遠的客家莊，和養豬公（賽神豬用）的人家，已難得一見。桃園豬的臉上、身上遍布皺摺，肚皮鬆垮下垂。那渾身皺摺，或許是牠能充大、充肥、充成大神豬的原因吧？

小時候常看到邐裡邐遢的「牽豬哥」，牽（其實是趕）的正是桃園豬。牽豬哥孤寂地趕著大公豬，一路忍受孩子們的訕笑，到農村幫人家的母豬配種。據說桃園豬的性慾特別強，一看到母豬就迫不及待地想騎上去，難怪臺語以「豬哥」稱人好色。自從人工受精興起，牽豬哥就不見了，隨著社會轉型，許多行業消失無蹤，牽豬哥記錄著一頁消逝的農村風情畫。

科學化養豬

養豬原是農家副業，隨著社會轉型，農民已很少養豬。現今養豬已成為一種企業，不是一般小農所能經營得起的。臺灣的養豬事業在國際上頗具名聲，其中以竹南的動物科技研究所（原名養豬科技研究所）貢獻最大。事實上，臺灣的科研論文，以農業科學引用

率最高，劉廣定教授曾多次為文論述此事，讀者可以參考。

　　在家畜中，豬是最最多產的了。母豬懷孕一百一十四天左右，一胎通常產下八～十二隻。剛生下的豬仔體重只有一公斤左右，一脫離娘胎，就爭著向媽媽索奶。母豬的奶頭有兩列，餵奶時母豬側身倒下，小豬站成一大排，以幾乎和母豬肚皮垂直的姿勢，各含著一個奶頭，用後腿蹬著地，斜傾著身子，拼命地吸奶。

　　豬媽媽的乳房有大有小，最強壯的小豬通常搶到最大的奶頭。養豬場的小豬通常三～五週齡斷奶（自然斷奶需六～八週），接著在飼料的催肥下，五～七個月齡就可以長到80～100公斤，這是送往屠宰場的最佳時機，再養下去投資報酬率就會遞減。養豬場通常不會讓豬長大，我們在豬肉攤上所看到的肥豬屠體，其實都是還沒長大的小豬崽子。

　　現代化的養豬場採取科學管理，餵食和沖洗全部自動化，電腦監控著豬隻的狀況，以期掌握最佳的送宰時機，不會浪費一丁點飼料。養豬場通常設有獸醫等專業人才，從事人工受精、預防接種等工作。豬的疾病中，最嚴重的就是豬瘟，這是一種濾過性病毒所引起的敗血症，死亡率 95～100%！除了施打疫苗，並沒有什麼特效療法。

　　為了減少疾病（主要是痢疾），養豬場常在飼料中添加抗生素

（最常添加的是金黴素，即歐羅肥），反正不管有病無病，吃了保證不會下痢，也就保證可以催肥。長期使用抗生素，使得豬身上的細菌普遍具有抗藥性。所幸豬病大多不會傳染給人類，否則不惹起大禍才怪！

養豬場所造成的水源污染，每每為社會詬病。豬的排泄物往往不經任何處理，就流到河川，引起微生物大量繁殖，將水中的氧氣消耗殆盡。當水中的氧氣減少到一個數量，魚蝦等水族就無法生息。時下若干污染嚴重的河川含氧量已降到零，到了這個地步，河川已成為死河，除了厭氧細菌，任何生物都不能生存。養豬業雖非河川污染的唯一禍源，但怎麼說都脫不了干係。

疾病的媒介

病原體引起的疾病通常有其專一性，但有些疾病稱為「人畜共生疾病」，旋毛蟲病就是一例。旋毛蟲的幼蟲寄生在豬肉裡，當人類吃下沒有煮熟的豬肉，而其中又含有旋毛蟲幼蟲的話，幼蟲就在人類的腸子裡變成成蟲，然後鑽入腸壁，產出大量幼蟲，循著血液，進入人體各部的肌肉，引起發燒、頭痛、肌肉疼痛等症狀。因此豬肉必須煮熟，不能只圖鮮嫩爽口。

另一種豬、人兩宜的疾病就是可怕的日本腦炎。當三斑家蚊咬

了病豬再咬人的話，就可能將腦炎病毒傳給人類。每年 5 月到 7 月，衛生單位都會如臨大敵，但我們不能不養豬，而人類又消滅不了蚊子，所以日本腦炎年年發生，成為夏日揮不掉的夢魘。

此外許多習以為常的疾病，其實是經由家畜傳給人類的，特別是豬。只因時間久了，我們的免疫系統已認識這些病原體，其為害相對降低。近年令人草木皆兵的禽流感，是 H5N1 病毒引起的，目前只能「有限的」禽傳人，如果在豬身上和人流感病毒（如亞洲流感 H2N2）來個基因重組，變成可以「有效的」人傳人，那肯定將是一場災難！1917～1918 年席捲全球的西班牙流感，已證實是一種禽流感，死亡人數達數千萬人，比一次世界大戰的死亡人數還多！

豬是許多動物疾病過渡到人類的媒介，當不養豬的民族遇到養豬的民族，其下場可想而知。南部非洲並非完全孤立，對白種人所帶來的病原體尚有某種程度的免疫力，美洲印地安人就沒這麼幸運，當白種人踏上美洲，印地安人死亡枕藉，短時間內人口減少了 90%，死者 95% 死於白種人所帶來的傳染病！說句誇張的話：他們是間接被豬害死的。

形態、生理和行為

豬毛的顏色因品種而異，但豬皮都是白的。不論黑毛豬、白毛

豬、紅毛豬或花豬，拔了毛後，都是一個樣子。昔時農村所養的本地種黑毛豬（桃園豬），不是用飼料催肥長大的，豬圈的活動空間也大些，有時甚至是放養的，肉自然緊些。現在的黑毛豬呢？以豬種來說，可能是美國引進的漢布夏種；以飼養方式來說，和白毛豬、紅毛豬沒什麼兩樣。這樣的「黑豬肉」會好吃些嗎？只有天曉得了。

北魏·賈思勰《齊民要術》在討論豬的選種時：「母豬取短喙無柔毛者良。喙長則牙多……，有柔毛者焰治難淨也。」在人們的選育下，家豬幾乎都有一身稀疏粗硬的毛髮，頸部上的毛（豬鬃）更硬，為豬贏得「剛鬣」的別號。呢絨還沒興起以前，刷子幾乎都是豬毛或豬鬃做的，豬鬃曾經是中國的大宗出口貨物呢！

豬的汗腺退化，又有一身豐厚的皮下脂肪，所以特別怕熱。養豬場通常設有空調，將氣溫控制在 25℃以下，以免食欲不振，影響催肥。從前農村養的豬，夏天喜歡趴在濕搭搭的地上，放養的喜歡在泥濘中打滾，予人髒兮兮的感覺。但對豬來說：「予豈好髒哉，予不得已也。」

豬的智力很高，讓牠走迷宮，據說比狗還靈光。豬有一雙與身體不成比例的小眼睛，永遠像瞇著眼似的，視力之低下可想而知。但豬有一雙大耳朵，聽力不錯；有個長鼻子，嗅覺更佳。在家畜

獠豬，屬豬科，一屬一種，產印尼蘇拉威島。

中，豬的嗅覺可能僅次於狗，這從豬可以協助採蕈人採蕈得到證明。在歐洲的森林地區，夏日清晨常看到有人領著一隻狗或趕著一頭豬，在林地中逡巡。他們就是業餘的採蕈人。野蕈中以松露蕈價值最高，但松露蕈必須在冒出地表前採集，一冒出地表、張開蕈傘就不值錢了。只有藉助狗和豬的嗅覺，才能將深藏地下的松露蕈嗅出來。

　　豬嘴的尖端（吻部），有個寬闊的革質墊（鼻孔即位於其中央），可以用來挖掘植物的根吃。菜園、苗圃最怕野豬造訪，不是怕牠們吃掉多少作物，而是怕牠們亂掘亂拱，弄得一塌糊塗。《西遊記》一書，對豬（八戒）的這種行為描寫得最為鮮活。豬的犬齒常發育成獠牙，這也是掘物、挖土的利器。印尼蘇拉威島的獠豬（Babyrousa，獠豬屬），獠牙最最發達，雄豬有四枚獠牙，其中兩枚穿過嘴唇，先向上彎，再向下彎，有時可以整整轉一個圈！獠豬一般雖譯作鹿豬，但怎麼看都不像鹿，我就自創譯名吧！

　　豬屬於偶蹄目，每足有四趾（每一趾的末端都有蹄），中間兩

趾為裂蹄，另兩趾為懸蹄，所以豬走路時只有兩個趾頭著地。下次吃豬腳時，不妨驗證一下這些生物學上的小常識。

誰能離開豬？

　　中國是養豬最多的國家，但中國人的豬肉攝取量卻遠遠落在歐美之後。西方人不大喜歡吃鮮豬肉，而喜歡吃加工製品。在歐美，大約只有 30%的豬肉以鮮肉的形式消費，其餘 70%都做成醃肉、燻肉或（洋）火腿。在鮮肉的吃法上，西方人喜歡吃豬排，中歐人和東歐人喜歡吃烤乳豬，德國人喜歡吃豬腳（實為蹄膀）；不論那種吃法，都是大塊大嚼。中、西吃肉方式上的差異，除了經濟因素，恐怕還和文化因素有關。與中國文化比起來，西方文化的確較陽剛、粗獷。

　　豬除了食用之外，可說是渾身是寶，舉其犖犖大者：豬皮可以製革，供製皮帶、手套、皮衣、皮鞋；毛可以製刷子；豬血可製藥、製飼料及肥料；胰臟可以提取胰島素；脂肪（豬油）可製肥皂、點心、軟膏、面霜、炸藥和潤滑油；豬骨可製器皿、骨粉（作肥料及飼料），還可燒成骨炭，作為除臭劑、脫色劑⋯⋯總之，我們無時無地不在直接或間接和豬發生關係。

　　就算您從不吃豬肉吧——世界上約有十億人不吃豬肉，您洗把

臉，就可能用到以豬油做的肥皂；喝杯咖啡，就可能用到以豬骨骨炭脫色的砂糖；買雙皮鞋，又可能是豬皮做的；您有糖尿病嗎？那就得靠豬胰島素穩定病情……，想要和豬完全脫離關係還真不容易呢！

（本文圖片由作者提供）

（2007 年 2 月號）

生肖動物小辭典

◎──張之傑

鼠

　　泛指嚙齒目若干科之若干成員，尤指鼠科、鼠屬（*Rattus*）之黑鼠（*R. rattus*）、褐鼠（*R. norvegicus*），及小鼠屬（*Mus*）之小家鼠（*M. musculus*）而言。黑鼠身長 18～20 公分，尾長較身體長，體重約 280 公克；耳大，吻尖突，毛柔軟。褐鼠身長 20～25 公分，尾巴較身體短，體重約 480 公克；耳較小，吻較鈍，毛較粗。小家鼠身長 6.5～9 公分，體重 14～28 克，尾長與身體相當或稍短；耳圓形，眼呈珠狀，聽覺好，視覺不良。褐鼠之白化種俗稱大白鼠，小家鼠之白化種俗稱小白鼠，均為重要實驗動物。

牛

　　偶蹄目、牛科、牛屬（*Bos*）之泛稱，尤指畜牛而言。一般畜牛

皆由 *B. taurus* 或 *B. indicus* 馴化而成，或兩者之雜交種。我國之黃牛，即 *B. taurus*。一般畜牛體型肥壯，尾長，蹄裂。肩高平均約 150 公分，體重 400～900 公斤。毛短。有牙齒三十二枚，上顎無門齒，下顎有門齒八枚。角中空，不分叉。胃分四室，具反芻作用。智力低。品種甚多，分役用、肉用、乳用、兼用四系。現存野生牛屬（野牛）尚有 *B. benteng*（產東南亞）、*B. grunniens*（野犛牛）及 *B. gaurus*（產印度、中南半島及我國雲南）。後一種肩高 180 公分以上，體重可達 1,500 公斤，是牛屬中體型最大的。牛科之水牛（*Bubalus bubalus*），國人亦每每以「牛」稱之。

虎

一般作老虎，屬食肉目、貓科，學名 *Panthera tigris*，有八個亞種。分布北亞、東亞、中亞、印度、及馬來亞、爪哇、蘇門答臘。體型及斑紋視亞種及產地而異。雄大於雌，雄虎肩高可達 1 公尺，體長可達 2.2 公尺（不含尾），體重約 160～230 公斤，最重可達 290 公斤。草原、森林、沼澤皆可生息。平時獨居，有領域行為。善游泳。夜間狩獵。傷人者多為衰老虎或病虎。雌虎每胎生二～三隻，妊娠期平均一百一十三天。壽命約二十年。

兔

指兔形目、兔科動物而言，其特徵為大耳朵、短尾巴，奔跑時以後腿跳躍。常見者有穴兔屬（*Oryctolagus*）、棉尾兔屬（*Sylvilagus*）及兔屬（*Lepus*）等三屬。在英文，穴兔屬與棉尾兔屬稱為 rabbit，兔屬稱為 hare；中文無此區分。一般而言，rabbit 較 hare 小，耳朵較短。初生時，rabbit 目盲、無毛；而 hare 出生後幾個小時就會跳躍。又，rabbit 穴居，於洞中產子；hare 產子於草地上。

龍

想像中的動物，可能為先民的圖騰，由蛇崇拜或鱷崇拜衍生而來。其造型迭經變化，先秦及秦漢，造型尚未固定，不同的造型常有不同名稱；唐宋以後漸漸定形。在中國，龍是一種神物，被視為「四靈」之首。西方之龍（dragon），源自中東和古希臘，造型與我國先秦者近似，每被視為惡物，《聖經》更把龍和魔鬼畫上等號。印度之那伽（naga），佛經譯為「龍」；按那伽為蛇神，自蛇崇拜衍生而來，與吾國之龍不同義。

蛇

　　爬蟲類、蛇亞目之總稱，共約二千七百種，臺灣約產五十八種。體呈圓筒形，皮膚上有鱗片。無眼瞼，舌分叉。變溫。分布廣，僅愛爾蘭及紐西蘭無蛇。身長自 12 公分之盲蛇，至近 10 公尺的蟒及森蚺，差異甚大。體色不一。有蛻皮現象。終生生長，唯年長時較緩而已。頭骨特殊，可吞食較己身為粗的東西。脊椎骨一百五十～四百塊。肺一個，其他內臟器官採前後排列或變為長形。視覺及聽覺皆不敏銳。嗅覺發達，有些種類有感熱器官。毒蛇約二百七十種，可使人致死之陸生毒蛇約二十五種。毒腺由唾液腺演變而成，有神經毒、血液毒之分；毒牙亦有管牙及溝牙之別。卵生或卵胎生。皆為肉食性，以鳥類、魚類、蛙、蜥蜴或小型哺乳類為食。

馬

　　屬奇蹄目、馬科，學名 *Equus caballus*。品種甚多，按其用途可分為曳馬、挽馬、乘馬、弄馬等。大小不一，比利時種曳馬肩高可達 190 公分，體重可達 1,000 公斤；而雪德蘭弄馬（迷你馬）肩高僅 80～120 公分。毛色不一。齒數隨年齡而異；初生時無齒，一歲時有六對門齒，五歲時有十二對門齒，至此完全成熟，八歲時下門齒已

顯著磨損。妊娠期平均十一個月，每胎生一隻。壽命二十～三十年。

羊

　　通常指偶蹄目、牛科之山羊及綿羊。山羊，學名 *Capra aegagrus hircus*，有乳用、毛用等品種。其角向後彎曲。雄羊頤部通常有鬍鬚；雌性亦有，但較少。多為直毛，黑色至褐色至純白。妊娠期5個月，一次生一～三隻。壽命十～十四年。有同屬之野生種，如羱羊、螺角羊等數種。綿羊，學名 *Ovis ammon aries*，品種甚多，依其功用分毛用、肉用、毛皮用三大類。大小、體型視品種而異。雌羊體重自 45～100 公斤不等，雄羊自 65～160 公斤不等。角向外彎，無鬚，有蹄腺，藉此可與山羊區別。壽命約十三年，兩歲時即可生殖，懷胎時間約五個月。有同屬之野生種，如盤羊、大角羊等數種。

猴

　　指靈長目之狨科、捲尾猴科及獼猴科成員，前兩科稱為新大陸猴，後一科稱為舊大陸猴。除狒狒等大型猴外，皆為樹棲。白晝活動。群居。大小不一；最小的為侏儒狨（*Cebuella pygmaea*），身高

13～14公分，重約90克；狒狒（*Papio*）身高約115公分，重約40公斤。尾長不一，有的可卷握。手、足皆有指（趾）甲。腦發達、智慧高。

雞

　　屬雞形目、雉科，學名 *Gallus gallus domestic*，由東南亞之原雞（*Gallus gallus*）馴化而成。目前只有鬥雞較像其祖先。雄雞較母雞稍大，母雞則較肥胖。翅膀較一般鳥類短小，沒有飛行能力，但善於奔跑。孵化期約二十一天。品種甚多，有蛋用、肉用、兼用、玩賞用等類別。每一品種又有不同品系，例如蛋用型來亨雞可分為白來亨雞、紅來亨雞、黑來亨雞和銀來亨雞等。

狗

　　屬食肉目、犬科，學名 *Canis familiaris*。由灰狼馴化而成，已馴化一至二萬年。性忠誠，為人類之友。有品種百餘，按其功用，可分為獵犬、役犬、弄犬三大類。小者如奇娃娃，僅0.5～2.5公斤；大者如聖伯納犬，可達90公斤。嗅覺靈敏，聽覺亦佳。體溫約38℃，心搏每分鐘七十～一百二十次。天熱時，以舌頭哈氣散熱。妊娠期約五十八～六十三天，一胎生一～十二隻。四～五週齡斷奶。成長

期八個月至二年不等。壽命平均十二～十三年，小型狗壽命較長。

豬

　　屬偶蹄目、豬科，學名 *Sus scrofa*。由野豬馴化而成。為重要肉用家畜。體型肥胖。毛粗硬，無汗腺。眼小，視力差。嗅覺極佳。尾短，卷曲。平均體重公豬160～230公斤；母豬140～200公斤。通常長到 80～100 公斤時即送往屠宰場。吻部有一革質墊，可用以拱物。有獠牙，雄豬尤顯著，可用於掘物。發育快，八個月時即可交配。妊娠期約一百一十四天，一胎通常產二十二隻，初生時約一公斤。一年半至二年完全成長，通常六～七月齡即可屠宰。雜食性。品種甚多，國產者有太湖豬、內江豬、金華豬等品種。外國種有約克夏、藍瑞斯及杜洛克等，前兩種俗稱大白豬，後一種俗稱紅毛豬。臺灣目前所飼養之豬，以這三種外國品種為主。